Omar Guendouz et Franck Spengler



# Guy Georges

## contre-enquête sur le « tueur de l'Est parisien »

MANGO DOCUMENT

## Avis au lecteur

La présomption d'innocence a été renforcée par la loi n° 2000-516 du 15 juin 2000.

Il convient de rappeler au lecteur que quelles que soient les interprétations des auteurs, les déductions qui pourraient être tirées du présent ouvrage, et qui iraient dans le sens d'une condamnation n'auraient aucune valeur probante.

Seule la juridiction saisie du dossier, donc en possession de tous les éléments de l'affaire, pourra se prononcer. Jusqu'à ce moment, le lecteur devra se souvenir que le mis en examen est présumé innocent, et non le contraire.

Les auteurs ne font que relater des faits, qui, même lorsqu'ils sont interprétés, ne sont pas exposés pour désigner un coupable, ni pour étayer une accusation, pas plus que la détruire.

*Aujourd'hui, j'étais en chasse, j'avais décidé de tuer une jeune femme...* est le premier aveu de Guy Georges à la Brigade criminelle après son arrestation le 26 mars 1998, peu avant 13 heures, place Blanche, à Paris par les inspecteurs de la deuxième division de police judiciaire.

L'homme le plus recherché de France, celui que l'on soupçonne depuis 1994 de terroriser Paris en violant et en assassinant des jeunes femmes est enfin arrêté. L'homme n'est pas ce serial killer à l'américaine décrit par les spécialistes du comportement, ces fameux « profilers ». Il n'est ni machiavélique ni supérieurement intelligent et organisé, c'est un SDF qui agit au hasard de ses pulsions haineuses. Guy Georges a l'air patibulaire et primaire, bien loin des descriptions minutieuses des soi-disant spécialistes des tueurs en série.

L'homme, qui a été confondu par son empreinte génétique relevée dans trois meurtres effrayants, a bien failli échapper aux mailles du filet tendu par la police. La veille, RTL bénéficie d'une fuite et diffuse l'information sur les ondes dès 7 heures du matin : *Nous venons d'apprendre l'identité de l'homme que l'on surnomme le « tueur de l'Est parisien ». Il s'agit d'un dénommé Guy Georges, déjà condamné pour viols et violences sexuelles...*

Martine Monteil, la patronne de la brigade criminelle est folle de rage. Elle a mobilisé trente inspecteurs sur cette affaire. Elle fait de l'arrestation du tueur une affaire personnelle. N'a-t-elle pas déclaré à la presse : « c'est une affaire entre lui et moi ».

Même colère chez le juge Thiel qui a identifié le tueur grâce à la pression qu'il a exercée sur les laboratoires afin d'obtenir son empreinte génétique. Ulcéré, il fustige l'incivisme aigu et l'irresponsabilité de ceux qui sont à l'origine de la fuite. Les familles des victimes sont effondrées. Tant de travail, tant d'efforts risquent d'être anéantis. Le tueur est peut-être déjà en cavale. Mais celui que ses copains appellent Joe, le nom de squatt de Guy Georges, n'a pas entendu le signal de la traque. C'est l'un de ses compagnons de galère qui l'avertit deux heures avant son interpellation. Guy Georges s'apprêtait à s'enfuir et pensait avoir plus de temps devant lui.

Sans appréhension et détendu, il se rend chez le « Marseillais », un de ses points de chute près de la place Blanche. Plus tôt dans la matinée, des inspecteurs se sont rendus à l'adresse que Guy Georges avait donnée pour percevoir son RMI. Ils l'ont manqué de peu. Tous les lieux qu'il fréquente, tous les endroits où il est susceptible de se rendre sont étroitement surveillés.

À l'angle de la rue Fontaine et de la place Blanche, dans le IX$^{e}$ arrondissement, deux hommes de l'unité de recherches de la deuxième division de police judiciaire, le lieutenant Bernard Basdevant et l'agent Karim El Sayed, sont en planque. Le trafic est intense, il fait beau sur Pigalle, le boulevard résonne des bruits de Klaxon, mais les inspecteurs n'entendent rien d'autre que les battements de leur cœur. Ils font partie de la gigantesque souricière mise en place pour serrer [1] Guy Georges, soupçonné d'être « le serial killer de l'Est parisien ». Les foyers d'hébergement, les centres de distribution du RMI, les squats et toutes les adresses connus du tueur présumé sont visités et surveillés.

Le matin même, comme tous les flics de France, Bernard Basdevant et Karim El Sayed ont pris connaissance de l'identité du présumé tueur en série et ont reçu du sommier [2] la photo de l'homme imprimée dans la nuit à plus de trois mille exemplaires. La photo est récente, Guy Georges a été interpellé en janvier par les gardiens de la paix du XIII$^{e}$ arrondissement pour un vol de scooter et photographié par l'identité judiciaire. Depuis des années, la police criminelle recherche un Arabe de un mètre quatre-vingts. Aujourd'hui, elle a un Noir de un mètre soixante-dix. Le portrait-robot établi en 1995 d'après le témoignage d'Élisabeth O., rescapée de la folie du tueur, puis celui établi en novembre 1997 sont bien peu ressemblants avec la photo de l'homme que l'on traque. Sa peau n'est pas claire

1. "Arrêter un individu" dans le langage des policier.

2. Fichier centralisant les condamnations pour crime ou délit.

mais foncée ; ses lèvres et son nez ne sont pas minces mais épais ; son visage n'est pas anguleux mais empâté, de type négroïde. Mais la nuit, tous les chats sont gris…

Dans la voiture banalisée garée place Blanche, l'ambiance est lourde. Les deux hommes n'échangent pas une parole, mais guettent. Karim est spécialisé dans les quartiers chauds, et plus particulièrement Pigalle dont il connaît tous les recoins. La station de métro Blanche lui semble être un passage obligé si le présumé tueur en série revient dans le quartier. Moins surveillée que sa voisine « Pigalle », mais tout aussi fréquentée, elle offre une plus grande discrétion.

Soudain, sortant de la bouche de métro, il est là, face à eux. Ils n'ont pas besoin de regarder la photo, c'est lui, étrangement calme dans son bombers laissant apparaître sa capuche vert et jaune, Walkman vissé aux oreilles. Ils ne peuvent pas y croire. Pas une lueur de crainte dans ses yeux, ni la moindre étincelle de folie. Pour les inspecteurs, tout semble si facile, trop facile. Ils hésitent sur la manière de l'appréhender. Doivent-ils le « serrer » par surprise, sachant Guy Georges extrêmement dangereux, ou l'encadrer et l'interpeller l'arme au poing au risque de provoquer une réaction imprévisible du présumé tueur en série ?

À présent, Guy Georges traverse le boulevard de Clichy. Il n'est plus temps de tergiverser, il faut agir vite car, dans les petites rues du quartier, l'arrestation risque d'être plus difficile et il risque de le perdre..

Ils opteront pour la surprise tant l'homme semble sans

méfiance. L'un des inspecteurs plaquera l'individu au sol tandis que l'autre lui passera les menottes. Les hommes sortent lentement de la voiture et suivent Guy Georges tout en se rapprochant de lui.

L'opération dure moins de trente secondes. Guy Georges est projeté au sol et menotté. Il n'a pas le temps d'esquisser la moindre réaction, la surprise a été trop grande. Une fois au sol, il se débat pour tenter de se dégager et hurle « J'ai rien fait, j'ai rien fait ». Les témoins de la scène croient à l'arrestation d'un dealer comme cela est fréquent dans le quartier et commencent à converger vers le lieu de l'arrestation. Ils sont loin d'imaginer que l'homme menotté puis traîné dans le rayon pharmacie du *Monoprix* pour éviter une réaction de la foule est l'un des plus dangereux et des plus sanguinaires criminels français, auteur présumé de sept meurtres et de neuf agressions sexuelles connues à ce jour, le « Landru du troisième millénaire », comme l'ont déjà surnommé les journalistes. Les inspecteurs le fouillent et trouvent sur lui un Opinel numéro 8 et des préservatifs.

À l'arrivée des renforts, Bernard et Karim laissent exploser leur joie. Ils se tapent dans les mains comme des basketteurs sous le regard médusé de Guy Georges. L'homme sait sans doute que son terrible itinéraire s'arrête ici.

« La France respire » titre la presse au lendemain de son arrestation. Les familles de ses victimes et les femmes rescapées de sa folie meurtrière vont enfin pouvoir regarder l'homme accusé d'avoir brisé leur vie, de leur avoir ôté le bonheur.

Rarement, de l'aveu même des vieux ratiers [1] de la brigade criminelle, ils ont été confrontés à pareille boucherie, à pareille horreur sur les scènes des crimes reprochés à Guy Georges. Tous les flics ayant eu affaire aux meurtres du « tueur de l'Est parisien » se sont accordés pour reconnaître un tueur froid, lucide, ne manifestant aucun affolement et prenant visiblement du plaisir à donner la mort après avoir « joué » longtemps avec ses victimes tel un chat avec une souris.

Les flics qui entendent ses premiers aveux au quai des Orfèvres sont révoltés par l'homme qui leur fait crânement face. Sa voix est presque douce, dénuée de remord ou de peur, nous confirmera une source très proche de l'enquête.

Quel être humain, même rompu à l'horreur, pourrait entendre ce début de confession sans avoir de frissons ? Comment un homme peut-il agir ainsi ? Quelles motivations l'animent ? Comment une société a-t-elle pu engendrer un tel monstre ? Comment Guy Georges a-t-il pu échapper au système policier, judiciaire et psychiatrique alors qu'il a vécu plus de la moitié de sa vie en prison pour vols, violence et agressions sexuelles ?

1. Inspecteurs de police judiciaire qui ont de l'ancienneté.

En fait, Guy Georges est un redoutable mystificateur doublé d'un formidable manipulateur. Il n'est pas très cultivé, mais terriblement rusé et, surtout, capable de donner de lui l'image d'un pauvre type qui ne ferait pas de mal à une mouche. C'est ainsi qu'il a pu « rouler dans la farine » les policiers, les juges, les experts psychiatriques et même ses meilleurs amis, ceux qui prétendaient bien le connaître, ainsi que son entourage.

En avril 1998, Omar Guendouz, photo-reporter vit à Tahiti où il est correspondant de presse et rédacteur en chef d'un magazine de jeunes en Polynésie. C'est lors d'un voyage en Nouvelle-Calédonie qu'il tombe, dans l'avion, sur un *Paris-Match* où il voit ses photos prises dans les squats où a vécu Guy Georges. Conscient de s'être fait piller son travail par l'un de ses assistants à qui il avait demandé de lui garder ses travaux photographiques, il met d'abord en doute la véracité du reportage et la culpabilité de Guy Georges.

« Ce n'est pas possible, ça ne peut pas être lui ! Pas ce pauvre type », s'est-il dit en apprenant l'arrestation de celui qu'il appelait Joe. Et puis, il a fallu se rendre à l'évidence des tests ADN et des premiers aveux de Guy Georges.

Très vite, une stupéfaction mêlée de tristesse envahit Omar. Il lui faut donner une explication à cette mystification. Avec minutie, il part sur les traces de Guy Georges pour traquer le traqueur.

Fin 1998, Omar est convoqué par le juge Thiel qui instruit l'affaire du « tueur de l'Est parisien ». Il est entendu en qualité de témoin. Le célèbre juge Thiel de la cellule anti-terrosiste lui présente pour identification les photos de Guy Georges parues dans la presse. Au bout de plusieurs heures d'audition, Omar lui remet une partie des clichés qu'il a pris de Joe à l'époque des squats.

Il écrit à Guy Georges à la prison de la Santé. Joe lui répond en évoquant dans sa lettre les soirées passées ensemble pendant lesquelles il refaisait *ce monde pourri trop dur pour les faibles*.

Le 26 mars 1998, Franck Spengler travaille au 36 rue Fontaine, à moins de cent mètres de l'endroit où a été arrêté Guy Georges. Il se souvient que deux potes de la maison d'édition lui ont raconté l'arrestation musclée d'une « racaille » alors qu'ils allaient déjeuner dans leur habituel bistro de la rue Lepic.

L'affaire du « tueur de l'Est parisien » le passionne bien peu lui qui vit à quarante kilomètres de Paris et vient d'avoir, quelques mois plus tôt, un fils auquel il consacre beaucoup de temps.

Et puis il y eut, au printemps 1999, la rencontre avec Omar. L'homme vient lui proposer la publication d'un document sur le « cas Guy Georges ». Il dispose déjà d'un dossier complet et de nombreux documents exclusifs et sa volonté de connaître la vérité est telle que Franck va se laisser convaincre d'enquêter sur Guy Georges sans haine ni préjugé.

Alors ils vont se lancer dans une quête obsessionnelle pour connaître l'homme « qui a trompé tout le monde ». De vives discussions opposent Omar et Franck sur la manière d'aborder un tel sujet. Franck refuse d'écrire ce qu'il appelle un « livre mou » qui n'apprend rien, ne démontre rien, alors qu'Omar, déterminé, refuse de cautionner un document sensationnaliste et racoleur.

Pendant dix-huit mois, les deux compères vont se transformer en fouineurs, fouillant dans tous les sens la vie de Guy Georges, interrogeant son entourage et retraçant son parcours. Ensemble, ils retrouvent aux quatre coins de l'Hexagone les amis d'autrefois qui ont connu Joe, ses compagnons de détention. Ils passent plusieurs jours dans la région d'Angers où ils rencontrent la famille adoptive de « Joe le Killer », les hommes et les femmes qui l'ont connu jeune, les éducateurs qui l'ont suivi. Ils se rendent sur la scène des crimes pour reconnaître les lieux. À de nombreuses reprises, ils rencontrent les avocats des familles des victimes et ceux de Guy Georges, notant méticuleusement toutes les informations qu'ils reçoivent en abondance, même les plus anodines.

De toutes ces rencontres et informations sont nés plusieurs constats : personne ne connaissait réellement Guy Georges, personne n'a pu empêcher les drames, les experts ont foirés, la police a merdé, la justice française et ses juges, cloisonnés et pétris d'amour-propre se sont montrés inadaptés à ce type de criminel. Trop de personnes sont venues se greffer au dossier : « profilers », magistrats et services de police.

C'est sans doute là que réside, s'il existe, le mystère Guy Georges. Comment un homme qui a passé autant d'années en prison, en particulier pour violence sexuelle, n'a-t-il pu être mis hors d'état de nuire dans une société aussi « avancée » que la nôtre ?

Ce livre, résultat des investigations menées par Omar Guendouz et Franck Spengler, tente de poser ces questions et d'apporter des éléments de réponse en reconstituant l'itinéraire déboussolé qui mène Guy Rampillon, enfant abandonné, à Guy Georges, dit « Joe le Killer », comme il aimait lui-même s'appeler.

# 1.
# L'ENFANT DE PERSONNE

Le 15 octobre 1962 à Vitry le François, Hélène Rampillon donne naissance à son second enfant, Guy. Elle a vingt-cinq ans. Son premier fils, Stéphane, est né trois ans plus tôt, le 13 avril 1959, de père inconnu.

À l'aube de ces années soixante, Hélène Rampillon fréquente assidûment les bars « américains » qui ont fleuri près des bases américaines de l'OTAN réparties dans la région parisienne. On la retrouve fréquemment à Marly-le-Roi, à Saint-Germain-en-Laye ou à Fontainebleau.

Hélène Rampillon ne travaille pas, aussi accepte-t-elle sans hésitation la proposition de la tenancière du *Blue moon* qui l'incite à se faire un peu d'argent sur les bouchons. Pour Hélène, brunette piquante et peu farouche, il n'est pas difficile d'engager la conversation avec les GI et de se faire offrir à boire. Les affaires vont bon train et la jeune fille comprend très vite qu'elle peut gagner davantage si elle se montre encore plus gentille. Alors, lorsque les soldats ont suffisamment bu, elle leur propose de la rejoindre dans les bois environnants ou d'aller dans leur voiture afin de leur faire connaître la *french lover touch*.

Les Américains étaient pleins aux as. Ils buvaient comme des trous et flambaient tant ils s'ennuyaient ferme. Le vendredi et surtout le samedi soir, on voyait arriver plein de jolies filles pas bien vieilles ; des apprenties, des vendeuses ou des femmes qui venaient améliorer leur ordinaire. Elles allumaient les militaires en baragouinant deux trois mots d'américain puis, pour quelques francs, se faisaient sauter dans les voitures ou les bois environnants.

C'est ainsi qu'Hélène Rampillon se retrouve une première fois enceinte. Elle songe à avorter, mais faire appel à une « faiseuse d'ange » est risqué et coûte très cher. Hélène mènera sa grossesse à son terme, non sans avoir préalablement renoué avec sa famille. Après l'accouchement à Orléans, elle se rend avec son bébé chez ses parents à Angers. Les retrouvailles sont houleuses. Robert, son père est atterré : sa fille, qu'il traite de « traînée », lui ramène un petit-fils dont elle ne connaît même pas le père. Il craint les commérages qui peuvent nuire à sa situation et refuse de garder l'enfant. C'est Ella, sa femme, attendrie par le bébé, qui va le convaincre d'accepter le petit Stéphane. Ils le garderont finalement dix ans, sans aucune aide de la mère qui ne donnera de ses nouvelles qu'au compte-gouttes.

Hélène reste quelque temps à Angers, mais le climat familial est si lourd qu'elle regagne Marly après une violente dispute avec son père.

Pendant deux ans, Hélène va galérer de bar en bar,

changeant d'établissement dès qu'elle sent la lassitude des militaires toujours avides de nouvelles femmes. Les bouchons et les passes lui rapportent à peine de quoi vivre, et elle songe alors à aller s'installer aux États-Unis.

En mai 1961, dans un bar enfumé où les militaires se soûlent et braillent sur de la musique country pour combattre le mal du pays, elle rencontre le soldat Georges Cartwright, un colosse noir, cuisinier dans une unité de l'armée américaine basée sur les hauteurs de Marly-le-Roi. Le courant passe immédiatement entre cet homme qui a laissé sa femme au pays et Hélène que sa vie d'entraîneuse n'amuse plus. Hélène Rampillon se donne à lui avec beaucoup de conviction et Georges en tombe amoureux. Il revient régulièrement la voir puis l'oblige à quitter son bar pour l'installer dans un petit appartement à Marly. Dès qu'il le peut, Georges la rejoint et ils échafaudent des plans pour l'avenir. Georges et Hélène vivront dix-huit mois ensemble.

En février 1962, Hélène annonce à son compagnon qu'elle est enceinte et qu'il serait préférable qu'elle avorte. Georges entre alors dans une violente colère. Il désire cet enfant qu'il veut emmener et élever aux États-Unis lorsqu'il sera démobilisé. Hélène pense que ses problèmes vont prendre fin et qu'elle va pouvoir mener une vie normale. Elle ne sait pas encore que Georges est marié.

La grossesse se passe sans problème, si ce n'est le caractère de Georges qui devient de plus en plus ombrageux. En fait, la date de son départ a été fixée par les autorités militaires et il ne sait pas comment l'annoncer à sa « petite française ».

Deux semaines avant l'accouchement, Georges Cartwright apprend à Hélène l'imminence de son départ. Son humeur est sombre ce soir-là et il ne trouve pas ses mots. Sa connaissance du français est approximative, mais Hélène comprend ce qu'il lui dit lorsqu'il avoue l'existence de sa femme. Affolée, Hélène Rampillon pense immédiatement à sa situation, l'enfant qu'elle porte est à ses yeux un problème secondaire. Que va-t-elle devenir ?

Georges Cartwright, ballotté entre honte et lâcheté, va alors lui mentir. Avec une belle conviction, il lui affirme que dès que le bébé sera né, il se le fera remettre par une amie du couple et il l'emmènera aux États-Unis. Hélène le rejoindra plus tard lorsqu'il aura réussi à convaincre sa femme d'accepter l'enfant. Hélène Rampillon affirmera plus tard qu'elle a bien remis son fils à une amie , mais qu'elle n'apprendra qu'une vingtaine d'années plus tard que Georges Cartwright était parti sans l'enfant.

Cela est faux.

En fait, Georges Cartwright quitte la France quelques jours avant l'accouchement, laissant seule et sans ressource Hélène Rampillon. La jeune femme est abattue, une seule issue s'offre à elle : refaire le chemin d'Angers et convaincre une nouvelle fois ses parents. Début octobre 1962, elle se rend chez une amie à Vitry-le-François pour oublier sa détresse et faire un peu la fête. C'est dans cette ville qu'elle mettra au monde, le 16 octobre, un bébé qu'elle appelle Guy, du prénom de son frère préféré, et Georges, comme deuxième prénom, en souvenir du père.

Trois jour après la naissance de Guy, Hélène adresse un télégramme à ses parents pour leur annoncer la nouvelle et leur demander de venir la chercher. Hélène n'éprouve aucun sentiment maternel, cet enfant est un fardeau, quelque chose qui encombre sa vie. Elle n'a de cesse de s'en débarrasser. C'est son frère aîné, Serge, qui vient la chercher à Vitry-le-François. Durant le trajet vers Angers, Hélène s'inquiète de la réaction de ses parents. Elle craint plus que tout la colère de son père. Son frère la prévient que le paternel est furieux et qu'il ne veut rien entendre. En effet, Hélène est accueillie par une bordée d'insultes. Son père refuse de la voir ainsi que son rejeton, un enfant noir de surcroît. Guy Rampillon n'a pas cinq semaines qu'il est déjà renié des siens. Le 24 novembre 1962, le père d'Hélène oblige sa fille – elle ne se fait pas prier – à remettre l'enfant à une nourrice, madame Rousseau, à Angers. Le futur Guy Georges est alors âgé de cinq semaines. Sa mère quitte sans remords Angers et retourne à ses activités nocturnes à Marly-le-Roi.

Comme pour Stéphane, Hélène se désintéresse de Guy dont elle ne prend aucune nouvelle et ne paye pas la nourrice. Elle va alors être contrainte de reprendre son fils et le confiera le 2 janvier à 1963 à madame Roussin, qu'elle ne paiera pas davantage. À deux mois et demi, Guy Rampillon est déjà un enfant ballotté par la vie, *celui dont personne ne voulait et qui appartenait à l'administration,* dira-t-il lors de son procès à Nancy pour le viol commis sur Pascale N..

Hélène Rampillon ne reverra jamais son fils malgré les nombreuses tentatives de la Ddass. du Maine-et-Loire pour l'inciter à reprendre Guy. Le 14 janvier 1967, elle part s'installer aux États-Unis avec Stéphane, son premier enfant.

Quatre mois plus tard, madame Roussin alerte la Ddass à qui elle demande de reprendre l'enfant. Le 9 mai 1963, âgé de sept mois, Guy Rampillon est placé comme « recueilli temporaire » dans le service départemental de l'Aide à l'enfance du Maine-et-Loire. Il porte le premier d'une longue série de matricules, le n° 5086. Un mois plus tard, le 4 juin 1963, la Ddass lui trouve une famille d'accueil, les Morin.

Le 28 février 1968, dans la perspective de son adoption, l'état civil de Guy Rampillon est modifié, il devient Guy Georges. Il n'est plus né à Vitry-le-François, mais à Angers. Il est âgé de cinq ans et demi. Après l'abandon de ses parents, c'est la négation de son état civil. Cet aspect de la biographie du présumé tueur en série n'est pas négligeable.

La Ddass du Maine-et-Loire continue à chercher une famille adoptive à Guy Rampillon. Il n'y a pas de couple de couleur en quête d'adoption dans le département ,aussi cherchera-t-on dans les départements limitrophes. Il n'y aura jamais de demande d'adoption.

## 2.
## « L'ENFANT » DES MORIN

Les Morin ont déjà cinq enfants âgés de trois à treize ans lorsque Guy Rampillon est placé chez eux. Deux autres enfants naîtront après l'arrivée de Guy et les Morin élèveront jusqu'à treize enfants confiés par la Ddass. Cet altruisme – contesté par certains qui voient dans cette « bonté » une source de revenus non négligeables – vaut une distinction officielle, la médaille des familles nombreuses, aux époux Morin.

Guy est le premier enfant à être confié à la famille par la Ddass. C'est Jeanne Morin qui a demandé à recueillir un enfant noir car en 1960, elle s'était prise d'affection pour un petit garçon noir que les Morin avaient en pension. Elle voulait garder cet enfant qu'elle aimait, mais sa mère l'avait repris.

Jeanne Morin a trente-trois ans, c'est une femme assez frustre, mais très active et sachant ce qu'elle veut ! Jean

Morin, son mari, a dix ans de plus qu'elle. Râblé, il exprime la bonhomie ronchonne de l'homme qui ne veut pas d'histoire et s'en remet à sa femme pour tout ce qui concerne la famille.

À La Pellerine, minuscule village entre Angers et Saumur, à six kilomètres de Noyant, la maison des Morin est appelée « La maison des chiards ». Il y en a partout qui crient, jouent et cherchent à trouver leur place dans un univers qui ressemble plus à une colonie de vacances qu'à une cellule familiale.

C'est sans doute dans cette région du Maine-et-Loire que ne quitteront jamais les Morin qu'a dû être inventée l'expression « France profonde ». Avec dix-neuf habitants au kilomètre carré, le canton de Noyant a des airs de région fantôme. Difficile de croiser un autochtone et lorsque l'on en voit un, il vous dévisage avec défiance comme le dernier des voleurs. Dans ce coin, vous n'êtes pas une curiosité, mais un suspect. Tout ce qui est nouveau est assimilé à un danger. « Qu'est-ce qui peut donc vous attirer ici » semblent dire les yeux qui vous toisent en permanence. À Lignières-Bouton, nous recherchons la première école primaire de Guy Georges, fermée depuis 1972. Une femme en tricot et tablier à carreau se tient devant le bâtiment qui a abrité autrefois l'école. Elle nous dévisage avec méfiance. Nous nous avançons vers elle, arborant un grand sourire rassurant. La tchatche de Franck la laisse de marbre. Il en rajoute, pourtant, avec de grands éclats de rire et une écoute captivée lorsque semble poindre une information intéressante. Elle ne lâchera que quelques renseignements sans grand intérêt et nous verra repartir avec soulagement. On comprend mieux, ici, ce que peut être le poids de la différence.

À Baugé, nous sollicitons un rendez-vous avec la directrice du collège Notre-Dame où Guy Georges fut élève de la sixième à la quatrième. Madame R., type même de la provinciale empêtrée dans un carcan de certitudes morales et religieuses, ne tombe pas dans le panneau et nous congédie en nous promettant de nous rappeler. Sitôt sortis de son bureau, elle appelle le maire d'Auverse avec qui nous allons déjeuner et celui de Noyant qui nous a donné rendez-vous le soir même. La directrice a compris que nous enquêtions sur Guy Georges et a diffusé l'information dans toute la région. Nous sommes grillés et les langues, déjà peu loquaces dans ce pays, se taisent définitivement. Les crimes reprochés Guy Georges ont profondément traumatisé cette petite région qui, par dessus tout, aime son incognito.

La Pellerine, c'est juste une poignée de maisons qui n'ont pas changé depuis un siècle. Les façades cachent leurs secrets et, derrière les rideaux des fenêtres, on ne parle pas, on ne se plaint jamais. Guy Georges apprend le silence, s'enferme pour oublier ses différences. Pour éviter les souffrances, il s'endurcit et s'insensibilise. « Moi, je n'aime pas me plaindre », se plaira-t-il à répéter plus tard à ses compagnons de galère, de squat ou de prison.

Les bois touffus et giboyeux qui entourent le village sont propices à ses évasions et à sa solitude. Guy Georges, enfant, les connaît comme sa poche et il n'a pas son pareil pour se repérer dans les bois, suivre la piste d'un gros gibier qu'il passe des heures à observer. La forêt, c'est son univers où il n'est plus le « petit négrillon, l'enfant dont personne n'a voulu ».

Chez les Morin, les démonstrations d'affection sont rares, voire inexistantes. Madame Morin a plutôt la main leste et la colère facile. Un examen psychologique, établi alors que Guy Georges a douze ans, précise que madame Morin apparaît comme une femme affectueuse certes, mais autoritaire et quelque peu castratrice. Chez les Morin, les grands prennent en charge les plus petits et assurent à tour de rôle les corvées sous le regard autoritaire de la mère. Elle prend son rôle très au sérieux et de manière rigide ; non en raison d'un excès d'intérêt, mais par souci de l'image qu'elle renvoie aux autres. Ne dit-on pas au village que « c'est la Jeanne qui porte la culotte » ? Tout son petit monde doit filer doux et elle laisse peu d'autonomie aux enfants, dont elle ne respecte pas la pudeur, allant même jusqu'à les baigner à un âge avancé. Guy Georges est lavé par elle jusqu'à ses onze ans. En revanche, la sexualité est un sujet tabou qui est définitivement banni des conversations familiales.

Guy Georges est un enfant très développé pour son âge, et sa négritude ne semble pas, a priori, poser de problèmes aux gens du village bien que ces derniers l'aient baptisé « boule-de-neige », surnom qu'il gardera toute son enfance.

Le 2 février 1966, Guy Rampillon devient pupille de l'État. La même année, les Morin, qui à cette époque élèvent quinze enfants, déménagent pour une maison plus grande et vont s'installer à six kilomètres de La Pellerine, près de Noyant, au lieu-dit « Rabion ».

Rabion, c'est cinq maisons réparties de part et d'autre de la route qui mène à Saumur. Le lieu-dit est encore plus refermé sur lui-même que La Pellerine. La seule activité en était l'usine laitière dont la sirène ponctuait la vie désespérément triste du hameau. Les habitants s'échangent par obligation des « bonjour » sans chaleur. Chacun vit chez soi et personne ne se mélange. Totalement isolé, sans commerce, sans lieu de convivialité, rien ne s'échange, rien ne se partage. Les individus sont seuls et n'attendent rien du groupe. La seule distraction de Guy Georges est le car scolaire qui l'emmène avec ses sœurs à l'école de Noyant. Les week-ends, il bat la forêt et s'invente un monde où c'est lui, le méchant, qui règne sur les bois. Son héros préféré, c'est Joe, l'Indien trappeur du roman de Mark Twain *Tom Sawyer*. C'est de là qu'il tire son surnom de Joe et non pas, comme on l'a cru, de son admiration pour Jimi Hendrix. En choisissant un héros négatif, Guy Georges déclare son appartenance au clan des méchants et des prédateurs.

Si, de l'avis général, les enfants sont bien élevés et éduqués convenablement chez les Morin, ils doivent en revanche compenser un manque d'affection difficile à recevoir au sein d'une telle fratrie. Guy, sans doute plus qu'un autre, en souffre. C'est un garçon qui s'adapte à la situation en se montrant enjoué et gai au sein du groupe. Il cache en réalité une grande solitude teintée de mélancolie le faisant passer pour un lymphatique et un paresseux aux yeux de ses frères et sœurs. Très vite l'enfant comprend qu'il n'est pas comme les autres : sa négritude, son statut de pupille, son changement de nom lui rappellent en permanence cette différence, comme le soulignera le jugement de la cour d'assises de Nancy pour le viol de Pascale N.. Il doit tenir un rôle s'il ne veut pas être exclu. Alors, il se compose un personnage à deux facettes : il y a le Guy Georges gentil, lisse, serviable, celui qui joue avec les filles (elles sont en majorité chez les Morin) et le Joe qui s'isole dans les bois, se bute et se bagarre à l'école. Il se construit un monde où, malgré le groupe, il est et sera toujours seul. Il sait qu'il doit se débrouiller coûte que coûte pour s'en sortir et ne compter que sur lui seul. Alors Guy Georges désormais ne cesse de s'isoler, tout en faisant montre d'une incroyable adaptabilité qui lui permettra d'être comme un poisson dans l'eau dans l'univers carcéral, toujours bien noté et apprécié du personnel pénitentiaire.

Le troisième déménagement de la famille Morin à Auverse, toujours dans le canton de Noyant, n'apporte rien de joyeux à l'univers déjà fermé de Guy Georges. Si le village est plus grand et plus animé que Rabion, la maison des Morin borde la départementale 766 sans cesse traversée par une noria de camions. Le bruit est continuel et rythme la vie de ce village-rue sans âme. C'est une maison des années soixante – « la maison de la Ddass » comme l'appellent les méchantes langues du village – avec un étage et un bout de jardin potager. Au fond du jardin trône une vieille caravane qui sera mise à disposition de Guy Georges lorsque celui-ci reviendra plus tard voir ses parents adoptifs.

Dans ce coin de France, les jeunes s'ennuient ferme. « Il n'y a rien à glander » nous confirment les jeunes que nous y croisons. Les cafés sont rares, tout autant que l'argent pour y aller. Alors, on reste des heures devant sa bière en attendant on ne sait quoi. Une nouvelle tête au village, et tout le monde est au courant.

Guy Georges, lui, n'a pas beaucoup de copains et ils sont disséminés sur tout le canton. Il n'a que ses sœurs et il ne les aime pas.

La scolarité de Guy Georges est à l'image de sa vie : chaotique. C'est un élève sans talent, borné, fainéant et batailleur que décrit madame Antoinette Voirand, l'institutrice du présumé tueur en série durant trois ans du CE 1 au CM 1, à l'école primaire de Lignières-Bouton. Elle a soixante-deux ans lorsqu'elle voit arriver cet enfant noir, le premier qu'elle aura comme élève. Sa grande expérience des enfants en fait une excellente institutrice, aimée de ses élèves. Madame Voirand sait les écouter, les comprendre et les aider. Elle est très vite intriguée par Guy Georges. Elle a été la première à entrevoir le clivage de l'enfant : *Il paraissait faussement heureux ! Toujours sur la défensive.*

Après avoir redoublé le CM 1, Guy Georges rentre en sixième de transition en septembre 1974 dans le collège privé Notre-Dame, à Baugé. Cela n'a pas été sans mal car, fait-on remarquer aux Morin, la présence d'un enfant de couleur dans un groupe scolaire composé exclusivement d'enfants blancs a un caractère quelque peu excentrique.

Le collège est une grande bâtisse qui ressemble à l'usine modèle d'une cité ouvrière dans les années soixante-dix. Les locaux sont tristes et Guy Georges ne sera jamais heureux dans cet univers étriqué où il est le seul Noir, même s'il prétendra plus tard que cela ne le touchait pas et que, au contraire, cela lui donnait une place originale. À Baugé, l'éducation est stricte et bien peu sensible aux états d'âmes de ses élèves.

C'est à cette période que Guy Georges commence à voler de l'argent à toute la famille. Un jour, madame Morin le surprend en train de fouiller dans son porte-monnaie. Elle entre dans une grande colère et punit l'enfant. Guy Georges nie et s'enfuit dans la forêt pour ne réapparaître qu'à l'heure du dîner, enjoué, comme si rien ne s'était passé. Les menus larcins ne cesseront jamais.

Au collège, pour exister dans le groupe, Guy Georges affabule pour être accepté. Il a une « grande gueule » et son physique en impose aux autres. C'est ainsi qu'il prétend être le fils d'un soldat américain, héros de la Seconde Guerre mondiale, ou encore qu'il voyage beaucoup et connaît de nombreux pays. Malheur à ceux qui ne le croient pas car alors Guy Georges devient très violent, allant jusqu'à terroriser ses camarades. *On avait l'impression d'une violence inouïe en permanence contenue*, nous affirmera une de ses anciennes professeurs du collège.

Son comportement et sa non-intégration au milieu scolaire conduisent Guy Georges à une consultation neuropsychiatrique à Saumur en 1975. À cette époque, Guy Georges souffre d'une boulimie inquiétante qui pourrait être le symptôme d'un profond trouble affectif. Le rapport des médecins de Saumur décrit Guy Georges comme

« un enfant très défensif », à la violence à fleur de peau, énigmatique, lymphatique et incapable de communiquer ses sentiments.

Guy Georges a treize ans, son enfance est terminée et il va désormais très vite basculer dans la criminalité.

## 3.
## L'ADOLESCENT DE LA VIOLENCE

La famille Morin, c'est un univers de filles dans lequel Guy Georges étouffe. Les aînés Morin ont quitté très tôt le foyer familial. En 1976, Guy Georges a quatorze ans et il est le seul garçon au milieu de six filles. Guy Georges aime bien Marie-Christine et Marie-Cécile Morin, âgées de seize et huit ans. Il n'y aura jamais de problème avec elles. Il en va tout autrement avec le « clan » Derouineau, quatre filles d'une même famille confiées par la Ddass aux Morin. Roselyne, l'aînée de vingt-et-un ans, est attardée mentale ; Christiane, « l'ennemie » de Guy Georges, a seize ans, Nicole quatorze et Clarisse onze.

Sous la houlette de madame Morin, les filles dirigent la maison. Guy Georges ne dit rien, mais supporte mal, lui qui a été abandonné par une femme, les directives de ses sœurs de lait. Il essaie bien de plaire à sa mère nourricière, mais il est en permanence partagé entre le désir de faire plaisir et celui de s'affirmer. Il regrette ses frères aînés, Jean-Louis et surtout Laurent Morin, avec qui il partait des journées entières battre les forêts alentour. C'est avec Laurent et son père nourricier qu'il a appris la chasse, seule activité qui le motive et dans laquelle il trouve un réel plaisir. Depuis la prison de la Santé, il écrit à une amie : *J'ai été élevé par une famille d'accueil qui habitait à l'orée d'une grande forêt et c'est là-bas que mon apprentissage de la vie a eu lieu. J'ai tout appris là-bas. D'abord à me débrouiller seul en cas de nécessité, chasse, pêche et autre, le respect de la nature, à reconnaître les races d'animaux, les plantes et les arbres et à apprivoiser quelques animaux*. Il a appris à pister le gibier, poser des collets, tirer les pigeons au lance-pierre où il est très adroit. Il éprouve une grande fierté à contribuer à l'approvisionnement de la famille et se fait un devoir de dépecer et vider lui-même son gibier. Guy Georges peut rester des heures, immobile, à guetter sa proie avant de fondre sur elle ou, selon son humeur, à chasser tout ce qui passe à sa portée, de manière impulsive. On retrouve ces deux signatures dans tous les crimes qu'il lui sont attribués.

À Auverse, plus que jamais, il se sent seul dans cette maison de femmes dirigée par une femme. Guy Georges n'est pas leur souffre-douleur, mais c'est un « garçon », presque un étranger parmi les femmes. Est-ce là qu'il faut chercher la raison de sa première agression sur Roselyne Derouineau à l'automne 1976 ?

Ce jour-là, Roselyne, à qui l'on ne confie que de menus travaux en raison de son handicap, part déposer les poubelles comme chaque jour dans la décharge du village.

Guy Georges le sait et va se poster derrière des buissons sur son chemin. Il attend, guette. Dès que Roselyne le dépasse, il bondit sur elle. Roselyne n'a pas le temps de réagir, les mains puissantes de Joe enserrent son cou et cherchent à l'étrangler. Roselyne est robuste et plus âgée que son frère. Elle se débat tant et si bien qu'elle réussit à lui faire lâcher prise et s'enfuit vers la maison. Son cou est affreusement marqué. Avec ses mots, elle fait comprendre à sa mère que c'est Guy qui l'a agressée. Monsieur et madame Morin conduisent Roselyne chez le docteur Logereau, qui la soigne et recommande de ne pas alerter la Ddass afin de laisser une chance à Guy. Lui s'est enfui et reste introuvable. Il ne reviendra à la maison que le lendemain matin.

Guy Georges ne peut expliquer son geste, il aime bien Roselyne qui ne lui a jamais rien fait. Ce jour-là, il ne s'est rien passé de particulier entre eux. L'attaque était préméditée mais sans mobile. On retrouve dans cette agression une de caractéristiques des crimes futurs pour lesquels il est jugé : le besoin d'observer, de traquer sa victime puis de l'attaquer brutalement comme lorsqu'il chasse.

Ses parents adoptifs tentent de minimiser l'événement et l'on évite de lui en parler bien qu'une méfiance se soit installée entre lui et les autres membres de la famille.

La vie reprend son cours à Auverse, les filles grandissent, deviennent de plus en plus autonomes et Guy Georges est plus isolé encore. Il fréquente peu les jeunes garçons de son âge et préfère ses balades solitaires dans les bois. À la maison, il se montre plus agressif, irritable à tout propos, refusant l'autorité de ses sœurs et plus particulièrement celle de Christiane, son aînée de deux ans.

Christiane travaille bien à l'école et fait la fierté de sa mère adoptive, ce qui est loin d'être le cas pour Guy Georges. Elle s'implique avec conviction dans les tâches ménagères et veut tout régimenter. Christiane exaspère Guy pour qui c'est une « lèche-cul ». Il lui cherche toujours querelle parce qu'elle ne cesse de le dénoncer à ses parents adoptifs.

Guy Georges se souvient que Christiane lui a jeté une boule de pétanque sur la tête alors qu'ils jouaient avec les parents Morin. L'adolescent a mal, mais ne dit rien, il rumine sa vengeance. L'occasion se présentera quelque temps plus tard.

Le 31 mars 1978, madame Morin décrète le grand nettoyage de printemps. Toute la famille est mise à contribution, et gare à celui qui rechigne. Guy et Christiane, les plus grands, sont affectés au nettoyage des parquets. Guy Georges déteste plus que tout travailler dans la maison et manifeste avec véhémence sa mauvaise humeur. Il ne veut pas laver les parquets, et encore moins avec son « ennemie ». Madame Morin intervient et oblige Guy à monter les seaux à l'étage. Christiane, elle, prend les balais. Dans l'escalier, Guy Georges s'emporte violemment contre sa sœur qui l'oblige à travailler comme une fille. Tout en continuant à s'énerver, il ramasse un pied de tabouret en fer qu'il frappe avec régularité dans sa paume, l'air menaçant. Christiane hausse les épaules et commence à répandre l'eau sur le sol. Guy Georges se dirige vers la fenêtre et voit leur mère discuter dans la cour avec une voisine. Soudainement, sans aucun signe annonciateur, il se rue sur Christiane, lui passe la barre de fer au-dessus de la tête et commence à l'étrangler. Dans un réflexe, Christiane retient la barre de ses mains. Une lutte violente s'engage. Guy Georges ne dit rien, ne crie pas. Seul un grognement sourd sort de ses lèvres. Il met toute sa force pour tuer. Il ne s'agit pas d'une banale bagarre entre frère et sœur, comme il tentera de l'expliquer plus tard. Christiane se débat avec une folle énergie et arrive à déséquilibrer Guy. Ils roulent sur le sol. Joe a lâché la barre de fer et chevauche le dos de Christiane. Il pose sa main sur la bouche de sa sœur pour l'empêcher de crier. Christiane sait intuitivement qu'elle lutte pour sa vie, alors elle mord jusqu'au sang cette main qui l'étouffe. *Lâche, lâche* hurle son frère avant de s'évanouir de douleur.

Christiane se précipite rejoindre sa mère qui accourt aussitôt. Madame Morin trouve Guy Georges à la fenêtre, le regard vide, les yeux injectés de sang, absent, comme dans un état second. Il est incapable de répondre aux questions inquiètes et affolées de celle qui l'a élevé.

Christiane et Guy sont emmenés chez le docteur Logereau, à Vernoil. Dans la voiture qui les conduit, ils ne parlent pas. Guy a l'air absent, « parti de lui-même » selon sa mère nourricière, qui ne le reconnaît pas et a peur de lui. Guy Georges refuse d'expliquer son geste au médecin qui l'a ausculté un an auparavant après l'agression sur Roselyne. Cette fois le médecin, en accord avec les Morin, alerte la Ddass.

À la suite de l'agression, on fait croire au jeune garçon qu'il a tué sa sœur de lait afin de déclencher chez lui une prise de conscience de la gravité de son geste. On parle même de gendarmes qui vont venir le chercher pour le conduire en prison. L'adolescent ne manifeste aucune émotion particulière, comme si cette affaire ne le concernait pas ou qu'il n'était pas responsable.

Le 31 mars 1978, Guy Georges est placé au Foyer Départemental de l'Enfance, il a quinze ans et demi.

## 4.
## Le goût du crime

Deux jours après son arrivée au Foyer de l'Enfance d'Angers, Guy Georges est admis au CHU de la ville au service neurologique pour un ensemble d'examens. L'adolescent s'y prête de mauvaise grâce. Il n'a pas confiance dans ces hommes qui le jugent et ne cherchent pas à l'aider. Pourtant, le docteur Rouchon, psychiatre, s'intéresse au jeune garçon et arrive à créer une amorce de dialogue avec lui. Les médecins qui l'observent concluent à de graves troubles psychoaffectifs et recommandent un suivi psychothérapique.

Par la suite, l'éducateur chef du foyer, Roger Gosselin, relève une grande immaturité, une grande instabilité et une personnalité fragile chez son nouveau pensionnaire. L'adolescent a du mal à vivre en communauté, où il n'a aucun sens des responsabilités. Roger Gosselin est surtout frappé par la haine émanant de l'adolescent vis-à-vis de ses sœurs qu'il tient pour responsables de son renvoi de la famille Morin. Chaque fois qu'il essaye d'en parler au jeune homme, ce dernier montre des signes de grande fébrilité avant de se plonger dans un mutisme dont il met des jours à sortir.

Durant son séjour au foyer, du mois d'avril au mois de novembre 1978, Guy Georges se montre pourtant courtois, aimable et sans agressivité vis-à-vis des autres pensionnaires. Il est vrai qu'il se trouve avec des individus cassés par la vie, en rupture de ban comme lui. Ici, il se sent moins seul, moins différent. Il recherchera toujours par la suite cette compagnie de zonards, de paumés et d'autres exclus. Il s'est persuadé que le monde « normal » n'est pas fait pour lui.

Un autre fait marque les éducateurs du Foyer de l'Enfance, c'est le plaisir quasi maladif et morbide qu'éprouve Guy Georges à terroriser le personnel féminin du centre. Il se cache dans les recoins pour surgir et surprendre ses victimes en se composant un visage effayant. Élisabeth, qui fut éducatrice au foyer, se souvient d'un Guy Georges qui aimait faire peur aux femmes du foyer. À l'en croire, il semblait en ressentir un grand sentiment de puissance et prenait plaisir aux réactions de crainte qu'il provoquait.

En juin 1978, Guy Georges commence une série d'apprentissages qui vont tous se solder par des échecs. Le premier qui l'accueille est un restaurant à La Ménitré, *Les Pieds dans l'eau*. Il y traîne tant les pieds que le restaurateur le congédie à la fin du mois d'août, excédé du lymphatisme du garçon. Le foyer lui trouve alors un apprentissage chez un carreleur à La Bouchemaine qui, lui aussi, renvoie Guy Georges après l'avoir surpris en train de voler chez un de ses clients. Le troisième apprentissage s'effectue chez un plâtrier de Baune. L'homme se souvient d'un garçon taciturne et triste que tout semblait emmerder. Guy Georges y travaille deux jours puis retourne voir les Morin au lieu de regagner son foyer. Il ne retourne chez son employeur que le mercredi suivant puis fugue après avoir dérobé de l'argent et la montre du fils de son patron.

Le 28 octobre 1978, après un mois de fugue, Guy Georges est reconduit par la gendarmerie au Foyer de l'Enfance, avant de s'enfuir de nouveau le 5 novembre en compagnie d'un autre adolescent. Le 9 novembre, il est arrêté alors qu'il vole de la nourriture dans une grande surface de Tours, où il s'est rendu en stop.

Le 15 novembre, Guy Georges est placé par le juge pour enfants au foyer de La Marmitière à Saint-Barthélémy-d'Anjou, dans la banlieue d'Angers.

Le foyer de La Marmitière recueille les adolescents qui n'ont pu trouver leur place dans des institutions plus souples. Dans ce contexte, il n'est pas un cas, il ressemble aux autres et se fond assez vite dans la collectivité, se montrant même assez effacé. Monsieur Barreau, formateur en cuisine, une grande gueule avec le cœur sur la main, se rappelle d'un adolescent tranquille, peu expansif et très solitaire. Il était calme, pas très appliqué, mais semblait faire des efforts pour s'en sortir. Il pouvait rester des jours sans parler, comme s'il vivait dans un autre monde. *Jamais nous n'aurions pu imaginer cela,* nous confiera-t-il. Nous entendrons souvent cette phrase lors de notre enquête, comme si deux Guy Georges coexistaient dans la même personne.

Le centre de La Marmitière apparaît comme un endroit chaleureux, aux dimensions humaines. Ici, il n'y a ni murs ni grillage, mais un grand parc ouvert sur l'extérieur avec des terrains de sport où les adolescents peuvent aller et venir. Les pensionnaires sont bien traités et bien encadrés. Mais malgré son parc et ses locaux proprets, les adolescents qui sont placés ici traînent ici un lourd bagage et chacun vit seul sa déroute. Guy Georges, durant les deux années qu'il passe au centre, n'échappe pas à cette règle malgré les quelques week-ends où il se rend chez les Morin où il dort à l'écart de la famille dans la caravane du fond du jardin. Une fois de plus, il est exclu, mis au rancart, et tout ça à cause des femmes, se persuade-t-il. Après ces week-ends d'ennui qu'il a tant espérés, Guy Georges regagne le centre plus abattu que jamais. C'est sans joie qu'il reprend sa formation en maçonnerie. Pourtant, il affiche un caractère enjoué et se montre toujours prêt à déconner lorsqu'il est bien luné. Mais derrière cette image qu'il donne de lui, il y a un garçon désœuvré, que rien n'intéresse et qui ne voit aucun horizon à la grisaille de sa vie.

C'est à Angers qu'il a sa première expérience sexuelle avec une prostituée du quartier de la gare. Il n'en garde pas de souvenir tant cela fut bref et sans affection. Même dans l'amour physique, Guy Georges ne trouve rien qui pourrait l'intéresser à la vie, qu'il juge triste et ennuyeuse. Est-ce pour ces raisons qu'il commet sa troisième agression, le 6 février 1979 ?

Ce jour-là, Guy Georges se trouve dans le car qui le ramène à Saint-Barthélémy-d'Anjou à l'occasion de sa troisième fugue. Il s'assoit à l'arrière du car et observe les autres passagers. Devant lui se trouve une jeune fille de son âge, Pascale C. Elle est jolie et paraît heureuse de vivre. Ce détail irrite Guy Georges qui n'a rien et n'espère rien. À la descente du car, il suit Pascale à distance et attend qu'elle longe le bois jouxtant les habitations. Brutalement, après s'être rapproché en rapides enjambées silencieuse, Guy Georges saute sur Pascale, la bâillonne avec la main et l'entraîne vers le bois où il la jette sans ménagement sur le sol. La jeune fille est terrorisée et n'offre aucune résistance à la puissance de son agresseur. Guy Georges exige qu'elle lui donne son argent, ce que Pascale fait sans discuter. Elle se met alors à crier et l'adolescent commence à l'étrangler avant de prendre la fuite. Pascale rentre chez elle affolée et alerte ses parents, leur donnant un signalement précis de son agresseur. Moins de trois heures après, Guy Georges est interpellé par les gendarmes puis reconnu par sa victime. Après avoir tenté de nier, Joe passe aux aveux en minimisant son acte. La victime confirme qu'il n'y a eu aucune connotation sexuelle dans l'attaque dont elle a été victime, seul l'argent semblait intéresser Guy Georges.

Après cette agression, il passe une semaine de prison à la maison d'arrêt d'Angers. L'équipe éducative du foyer de La Marmitière se mobilise, malgré la gravité des faits, pour faire sortir Guy Georges et le garder au centre, à condition qu'il accepte une prise en charge thérapeutique. C'est à nouveau par le docteur Rochon qu'il se fait suivre et avec qui s'instaure un climat de confiance. Tout semble aller mieux jusqu'au mois d'août 1979, où Guy Georges retourne chez les Morin.

À Auverse, l'ambiance est lourde et Guy Georges vit mal le fait d'être mis à l'écart dans la caravane du jardin, comme s'il ne faisait déjà plus partie de la famille. Madame Morin le regarde avec crainte et sa défiance blesse Guy Georges. « Même elle ne m'aime plus » doit-il ruminer lorsqu'il se retrouve seul dans la caravane. Alors, il se met à boire compulsivement et rentre ivre tous les soirs, buvant chaque jour un peu plus. Inquiets du « qu'en dira-t-on », les Morin ne veulent plus entendre parler de lui et lui demandent de ne plus jamais revenir. Il retourne au foyer, démoralisé et alcoolique. Son anxiété est telle qu'il fait deux chutes de tension importantes à l'automne nécessitant son hospitalisation.

Le 19 septembre 1979, il comparaît devant le tribunal des mineurs pour vol de sac à l'arraché. Il est condamné à une semaine de prison puis est replacé au foyer après avoir été sermonné par le juge.

L'état psychologique de Guy Georges ne cesse de se dégrader et, le 3 novembre 1979, moitié par désœuvrement, moitié par provocation, il vole une moto à Saumur et se fait arrêter quelques heures plus tard. Une fois encore, il échappe aux foudres de la justice grâce à l'intervention du directeur du foyer de La Marmitière, monsieur Rivet. Il plaide pour l'adolescent avec beaucoup de conviction et défend l'idée qu'une incarcération aurait un effet désastreux sur son pensionnaire . Il pense pouvoir le réadapter et le réinsérer. L'histoire, hélas, ne lui donnera pas raison.

Guy Georges sait qu'il a échappé de justesse à la prison, aussi va-t-il se tenir tranquille pendant plusieurs mois, jusqu'au 5 mai 1980 où il va commettre sa quatrième agression sur une femme. Il est âgé de dix-sept ans et demi.

Il fait doux ce soir-là, la ville est de bonne humeur. Guy Georges est encore en fugue et traîne dans les rues d'Angers. Jocelyne S., une jolie brune de vingt-quatre ans rentre chez elle après avoir dîné avec une bande de copains. La soirée a été très gaie et Jocelyne est heureuse. Alors qu'elle pénètre dans sa résidence, Joe entre à sa suite sans un bruit et tente de lui arracher son sac. Jocelyne pousse un cri de stupeur et essaie de s'enfuir. Guy Georges, « tel un fauve » la plaque contre l'ascenseur, la pousse à l'intérieur lorsque les portes s'ouvrent puis la frappe plusieurs fois au visage avec une incroyable violence. Jocelyne perd connaissance et le garçon s'enfuit avec son butin, quatre-vingt-dix francs. Le visage affreusement tuméfié, Jocelyne alerte un voisin qui appelle la police. Les recherches ne donnent rien. Guy Georges quant à lui regagne normalement le foyer.

Dix jours plus tard, le 15 mai, le comportement de Joe s'est encore altéré et une violente dispute éclate entre lui et deux éducateurs à propos de son avenir. L'adolescent menace de « se tirer de cette taule ». Le 16 mai, le surveillant constate la disparition de Guy Georges. Tôt le matin, il se rend à Angers. Il ne veut plus retourner au foyer, mais il a besoin d'argent. Il se met à l'affût dans un quartier résidentiel d'Angers et attend sa proie. C'est Roselyne C., une jeune femme de trente-trois ans, qui sera son gibier ce soir-là. Comme pour Jocelyne, onze jours plus tôt, Guy Georges pénètre dans l'ascenseur à la suite de sa victime. Il immobilise l'ascenseur au sous-sol et menace Roselyne d'un couteau tout en lui arrachant son sac à main. La femme s'y cramponne et se met à hurler. Guy Georges n'a aucune hésitation et, comme s'il se trouvait devant un animal rétif, lui plante son couteau dans la joue. Les cris de Roselyne redoublent et l'agresseur préfère s'enfuir sans aucune précaution. Il est reconnu par un témoin qui le voit sortir en courant de l'immeuble. Sa victime, blessée profondément à la joue, gardera longtemps les stigmates de son agression. C'est la première fois que Guy Georges fait couler le sang. Y prend-t-il goût à ce moment-là ?

Le 17 mai, Guy Georges est arrêté à la gare d'Angers alors qu'ils se soûle avec les clochards du cru. Déféré devant le juge d'instruction, il connaît sa deuxième incarcération à la maison d'arrêt d'Angers.

Guy Georges est condamné à un an de prison pour les agressions commises à Angers. Les psychiatres qui l'examinent, les docteurs Fellion et Duflot, décrivent *un garçon de niveau mental moyen mais suffisant, qui n'est pas débile mental, qui ne présente pas de troubles mentaux évolutifs d'ordre psychotique ou névrotique. Il ne présente pas de trouble de jugement, mais paraît assez inaffectif, peu motivé, comme le sont souvent les orphelins confiés à des familles élevant plusieurs enfants. Il n'y a pas d'amnésie concernant les faits. Si l'on peut s'étonner du caractère brutal des agressions, mais il ne s'agit « seulement » que d'actes violents, sans caractère pervers ou sadique particulier. Toutefois, on peut estimer qu'il peut être potentiellement dangereux en raison du peu de culpabilité ressentie et de son peu de motivation dans la vie.*

Leur conclusion quant aux possibilités de réadaptation postpénale est très réservée, du fait de l'absence totale de culpabilité. Ils craignent des récidives et n'entrevoient aucune sanction pénale pouvant s'y opposer.

## 5.
## L'ARRIVÉE À PARIS

Incarcéré à la prison d'Angers, Guy Georges effectue la fin de sa peine à Fleury-Mérogis, d'où il ressort libre le 10 février 1981.

Il retourne à Angers et se rend au foyer pour jeunes majeurs, où il travaille aux cuisines. Mais les foyers ne peuvent rien pour lui et, très vite, le jeune homme s'isole, refuse toute autorité et tout suivi psychologique. Après six mois au foyer, il décide d'aller à Paris, où se trouvent son frère de lait Dominique et Fabrice C., un ami rencontré à La Marmitière. Mais il ne peut partir sans argent aussi va-t-il fracturer la caisse du foyer et s'emparer de vingt mille francs. Guy Georges n'a jamais vu autant d'argent. Pour lui, c'est le casse du siècle. Il saute dans le premier train et part se perdre dans la capitale. Il ne sera jamais inquiété pour ce vol.

Arrivé à Paris, Guy Georges appelle son pote

Fabrice C. qui l'accueille chaleureusement et l'héberge dans son petit appartement de la rue Saint-Georges, dans le IX$^{e}$ arrondissement de Paris. Durant les premières semaines parisiennes, Guy Georges fait la fête avec Fabrice avec qui il boit, fume au haschisch et dépense sans compter l'argent volé. Mais très vite, il n'a plus un franc en poche et doit se résoudre à vivre de petits boulots mal payés et de vols. Il fait des extra en cuisine, mais passe surtout son temps à se balader dans Paris qu'il va connaître comme sa poche. Guy Georges observe la vie de la capitale, mais surtout, il considère Paris comme les bois qu'il parcourait du côté d'Auverse. Chaque quartier lui apparaît comme un coin de forêt avec ses particularités. Paris est une ville tentatrice, les vitrines et les femmes y sont belles et il ne sait comment les aborder, les intéresser à lui. Comment le pourrait-il, lui qui est si différent et à qui cette différence colle à la peau comme une maladie honteuse. Tous les êtres qu'il croisent lui semblent heureux, bien dans leur peau, sûrs d'eux, surtout les femmes. Guy Georges ne le supporte pas. Qui sont-elles pour lui renvoyer à la figure son mal-être ? Une haine tenace monte en lui et chaque jeune et jolie femme devient son ennemie.

Est-ce lui qui agresse et poignarde le 16 novembre 1981 Nathalie L. dans les sous-sols d'un immeuble du XIV$^{e}$ arrondissement ?

Guy Georges le nie catégoriquement. La victime, elle, l'a formellement reconnu sur les photos diffusées après l'arrestation de Guy Georges en mars 1998. Lorsqu'elle a vu à la télévision le portrait de son agresseur, dix-sept ans plus tard, Nathalie L. s'est mise à suffoquer, puis elle a hurlé de douleur. À son retour, son mari l'a trouvée prostrée, dans le même état traumatique que celui où elle est restée plusieurs mois après son agression. Nathalie L. est sûre que Guy Georges est l'homme qui a bousillé sa vie.

Nathalie L. a dix-huit ans en 1981. Elle vient juste d'avoir son bac, elle est folle amoureuse de l'homme qui va devenir son mari et avec qui elle va emménager à Vanves. La vie s'ouvre à elle, et peut-être la porte-t-elle dans son ventre. Elle croit être enceinte et se rend chez son médecin de famille, dans le XIV$^{e}$ arrondissement, pour en avoir la confirmation. Elle est heureuse. Dans moins d'une heure elle saura si elle attend un bébé. Il lui semble que l'ascenseur met des siècles à arriver. Enfin, il est là. Juste comme les portes se ferment, un individu de race noire entre à sa suite. Dès que les portes sont refermées, l'homme, qui n'a pas dit un seul mot, porte un coup de couteau à la poitrine de la jeune femme. Nathalie ne comprend pas ce qui arrive, elle est incapable de crier malgré la vue de son sang qui macule son chemisier. L'ascenseur les conduit au sous-sol où Nathalie tente de repousser son agresseur lorsque les portes s'ouvrent de nouveau. Elle reçoit alors un deuxième coup de couteau dans la région du cou. L'homme la traîne dans un recoin du sous-sol et l'oblige à une fellation. Terrorisée, dans un état second, Nathalie s'exécute. Sa vulnérabilité n'empêche pas l'homme de lui porter un troisième coup de couteau dans le ventre. Nathalie le supplie, lui dit qu'elle est enceinte, l'implore de la laisser partir. L'agresseur est insensible à ses supplications. Maintenant, il découpe avec son couteau la robe, le soutien-gorge, le collant et le slip de sa victime puis la viole alors qu'elle s'évanouit. Lorsque Nathalie reprend connaissance, l'homme est au-dessus d'elle et la regarde comme un animal blessé qu'il va falloir achever. *Qu'est-ce que je vais faire de toi ?* lui lance-t-il cyniquement avant d'ajouter, le sourire en coin : *Je vais te tuer.*

En larmes, couverte de sang, Nathalie lui propose de l'argent, le supplie de nouveau. L'homme lui prend alors son sac et lui porte un quatrième coup de couteau à la gorge. La croyant morte, le violeur s'enfuit. Au prix d'efforts surhumains, Nathalie réussit à regagner l'ascenseur et donne l'alarme. Elle lutte entre la vie et la mort de nombreuses semaines et sort hagarde de cette épreuve. Nathalie reste à jamais traumatisée. Sa grossesse est un calvaire tant qu'elle n'a pas la confirmation que l'enfant qu'elle attend n'est pas le fruit de son viol. Séverine, son bébé, naît en juillet 1982, elle est bien l'enfant du couple, mais Nathalie ne se remettra jamais psychologiquement de son viol et vit en permanence avec le fantôme de son agresseur. Tout l'effraie. La vie, à présent, n'a plus la même saveur.

Nathalie L. ne sera entendue qu'une seule fois par les policiers, le lendemain de son agression. L'enquête, menée sans conviction, s'enlise et, le 23 juillet 1982, moins d'un an après les faits, le parquet de Paris classe l'affaire. Un des hauts magistrats français violentera une nouvelle fois la victime en affirmant avec assurance et dédain qu'à l'époque les viols n'étaient pas considérés comme des infractions gravissimes (sic). Et puis, il y avait un souci indiscutable de limiter les instructions car les juges étaient surchargés.

Il est bien sûr impossible d'affirmer que les crimes du "tueur de l'Est Parisien" auraient pu être évités si l'enquête sur le viol avec violence de Nathalie L. avait abouti, mais il est terrible de devoir constater ce cynisme judiciaire, cette forme insidieuse de laxisme qui vont conduire Guy Georges à se sentir au-dessus des lois.

Si Guy Georges nie être l'auteur de ce viol et de cette tentative de meurtre, les modalités de l'agression semblent correspondre au mode opératoire qui est le sien et qui sera avéré dans les meurtres qu'il a avoués puis niés.

Durant ces années, il devient spécialiste du vol à l'étalage. Rien ne l'arrête et il chourre [1] de plus en plus, tout et n'importe quoi. Le 2 février 1982, il se fait arrêter et il est condamné à cinq mois de prison pour vol et tentative de vol. Retour à la case Fleury-Mérogis d'où il ressort le 29 mai 1982.

Échaudé par ce nouveau séjour en prison, Guy Georges va alors se prostituer pour vivre. On le voit tapiner sur le boulevard de Clichy, aguichant les homosexuels qui passent en voiture au ralenti. Les passes se déroulent dans les voitures, dans les rues autour du cimetière de Montmartre.

Roger G., son petit ami de l'époque est un homosexuel d'une quarantaine d'années qui fréquente la rue Pigalle. Ils se sont connus lorsque « Joe le killer » racolait les vieux

1. "Voler" en argot.

cochons en voiture sur le boulevard de Clichy. Roger le ramène chez lui et, pendant une quinzaine de jours, il l'héberge. Guy Georges demande deux cents francs pour une passe complète, pipe et sodomie inclues. Roger s'amourache de lui et Guy Georges s'installe dans son appartement. Le tarif baisse et Roger ne paie plus que cent francs par jour. Malgré son amour des femmes, Guy Georges prenait du plaisir dans ses rapports homosexuels avec Roger. Durant la quinzaine de jours où il a vécu chez lui, Guy Georges reçoit ses amis, des petits tapins ou des camés. Lorsqu'il a été incarcéré en 1983, Roger G. lui écrit un dizaine de lettres auxquelles il répond puis, du jour au lendemain, ils cessent toute correspondance et ne se revoient jamais.

Dans le monde interlope de la nuit, il devient copain avec les travelos de la Place Pigalle, connaît tous les camés du coin et nouent des amitiés avec les marginaux, les seuls avec lesquels il se sent bien. Pour tenir et accepter cette nouvelle dérive, Guy Georges picole et se défonce sans discontinuer. Il s'enfonce au plus bas de la marginalité et s'enferme dans son univers solitaire. La prostitution plonge encore un peu plus Guy Georges dans le rejet de lui-même. Quelle fierté et quelle image peut-il avoir de lui ? Cette période où il assouvit quelques billets de cent francs les instincts sexuels de mecs qui le plus souvent l'utilisent et le méprisent pour n'est sans doute pas étrangère à sa haine du genre humain.

Dans la nuit du 7 juin 1982, les démons de Guy Georges se réveillent une nouvelle fois et le conduisent à agresser Violette K. qui regagne son domicile avenue Foch dans le XVI$^{e}$ arrondissement. Violette K. est une belle jeune femme à l'allure sportive et déterminée. Tout chez elle respire le bien-être, le bonheur et la certitude de ceux qui ont réussi. Cela met en rage Guy Georges, lui qui doit faire des pipes et se faire enculer par des vieux pour s'en sortir. Encore une qui va payer pour les autres, doit-il penser lorsqu'il aperçoit Valérie K. au moment où elle sort de sa voiture. Comme lorsqu'il chassait dans les bois d'Auverse, il se rue sur sa victime et l'entraîne sous un porche sous la menace de son couteau. L'attaque a été si brusque que Valérie K. n'a pu esquisser un geste de défense. L'assaillant la maintient au sol tout en sortant son sexe de son pantalon. Il l'approche du visage de sa victime et lui demande une fellation. L'homme est déterminé. Valérie sait que rien ne peut la sauver et s'apprête à céder. Mais devant ce sexe qui l'agresse, elle a un sursaut d'horreur et repousse le plus violemment qu'elle peut son agresseur. Guy Georges est fou de rage. Il porte deux coups de couteau à Valérie dans la région du cou puis commence à l'étrangler. La jeune femme s'évanouit. Lorsqu'elle revient à elle, Guy Georges est debout face à elle et la regarde en souriant. Malgré ses blessures, elle arrive à s'enfuir en criant au secours après avoir projeté ses pieds dans la poitrine de son violeur.

Dans l'immeuble voisin, un gardien de sécurité alerté par les cris lance son chien sur l'homme. Guy Georges s'enfuit, bientôt rattrapé par le chien qui lui arrache sa sacoche contenant son billet de sortie de la prison de Fleury-Mérogis.

La police met vingt jours à repérer l'agresseur de Violette K. et l'appréhende sans difficulté place Pigalle le 27 juin 1982. Guy Georges reprend à nouveau le chemin de la prison qu'il connaît si bien.

Entendu par la police, Guy Georges nie, insulte, invente des alibis bidons qui seront tous démontés. De sa prison, il crie à la machination, écrit aux Morin à qui il jure ses grands dieux qu'il est victime d'une erreur judiciaire. Lors de sa confrontation avec sa victime, il change sa physionomie : il se laisse pousser la barbe et les cheveux, grossit. Rien n'y fait, Valérie K. est formelle, son agresseur est bien Guy Georges. Le 10 février 1983, Guy Georges est condamné à dix-huit mois d'emprisonnement pour attentat à la pudeur commis avec violence. Alors qu'il s'agit véritablement d'une agression sexuelle. La justice, laxiste une fois de plus, « couvre » Guy Georges.

Guy Georges a tout juste vingt ans et son casier judiciaire ne cesse de s'alourdir, l'enfonçant davantage dans sa dérive comme il l'écrira à ses parents nourriciers : *Je suis tombé dans la merde tout seul, j'en ressortirai tout seul.*

En ressortira-t-il jamais ?

# 6.

## Le viol et la prison

Guy Georges est incarcéré à Fleury-Mérogis du 27 juin au 3 août 1982 puis transféré pour un mois au centre de semi-liberté de Corbeil. Remis en cellule à Fleury-Mérogis le 2 septembre 1982, il quitte la maison d'arrêt le 18 mai 1983 pour le centre de détention d'Écouvres en Meurthe-et-Moselle. Il a vingt ans.

À Écouvres, il est affecté aux cuisines. Là, il se lie d'amitié avec Lionel G., une des rares amitiés qu'il liera en prison. Lionel purge une peine de quinze ans de réclusion pour avoir abattu sa femme, est un velléitaire violent qui impressionne Guy Georges. Lionel s'est pris d'amitié pour ce nouveau taulard qui ne la ramène pas et se montre toujours discret. Il lui parle, partage sa cantine contre des menus services. Ils aiment tous les deux Jimi Hendrix, héros à leurs yeux des marginaux. C'est l'idole de Guy Georges. Il écrit à son sujet : *Lorsque j'écoute sa musique, je suis un autre, c'est une musique tellement magique !* Lionel est soutenu par une visiteuse de prison, Colette D., qu'il présentera à Guy Georges. Elle gardera le contact avec lui après sa libération. Elle s'est attachée à Lionel au point de l'épouser à sa sortie de prison en 1992. Le couple reverra Joe en 1993, à sa sortie d'une énième incarcération, juste avant qu'on lui reproche de basculer définitivement dans sa folie criminelle ponctuée de trois meurtres en 1994.

Les journées se succèdent, monotones et sans joie. Guy Georges s'isole encore davantage dans son univers mélange de haine de la société, de perversité et d'incompréhension de la marche de ce monde qu'il rejette en bloc. À ses yeux, ce n'est pas lui qui n'est pas à sa place, mais c'est le monde qui l'exclut. Plus il avance dans la vie et plus il s'éloigne d'une quelconque forme de normalité.

À Écouvres on se souvient d'un type taciturne, silencieux et qui avait toujours l'air de réfléchir . Quelque chose de dur et de mauvais perçait toujours dans son regard. On nous précise qu'il n'était jamais emmerdé, très peu de personnes lui parlaient à part un type barje qui avait tué sa femme.

C'est une des constantes de Guy Georges que nous retrouverons souvent lors de notre enquête. L'homme aurait pu être appelé « passe-muraille ». C'est sans doute cet aspect de sa personnalité qui explique en partie qu'il passera de nombreuses fois au travers des mailles des filets de la police lorsqu'elle enquête sur ses crimes.

Alors qu'il lui reste moins d'un an de prison à accomplir, Guy Georges est convoqué par le juge de l'application des peines de Nancy et se voit accorder une permission de sortie le 27 février 1984 pour bonne conduite en détention. On peut s'étonner de cette décision vis-à-vis d'un homme qui a déjà agressé plusieurs femmes et se trouve en prison pour attentat à la pudeur avec violence. À cette critique, le juge de l'application des peines réplique qu'*il est nécessaire pour les prisonniers de reprendre contact progressivement avec la liberté.* C'est pourtant lors de cette permission que Guy Georges va violer et blesser Pascale N.. On peut penser que s'il ne l'a pas tuée, c'est surtout parce qu'il en a été empêché par l'arrivée d'une voiture et la fuite de sa victime.

Écouvres est à une vingtaine de kilomètres de Nancy. Pour s'y rendre, Guy Georges prend le car avec en poche les cent francs qu'a pu lui refiler son copain Lionel.

Dès son arrivée, il se rend au *Prisunic* où il dérobe un tournevis et un couteau. Il lui faut absolument de l'argent, il veut profiter de sa liberté et ce n'est pas avec cent balles qu'il va pouvoir s'éclater. Guy Georges erre dans la ville, repère les endroits où il pourra sans risque se faire un peu d'argent. Son choix se fixe sur un parking du centre-ville situé place Thiers. En début d'après-midi, il reconnaît les sous-sols ; il y repassera dans la soirée et fera la tournée des serrures. Pour passer le temps, il s'engouffre dans un cinéma pour attendre la nuit.

Vers 19 heures 30, Guy Georges pénètre dans le parking. Furtivement, il se rend directement au deuxième sous-sol pour opérer en toute tranquillité. Il a déjà forcé deux véhicules lorsqu'il entend des pas qui s'approchent. Pascale N., une étudiante de vingt-deux ans, vient reprendre son véhicule.

Guy Georges s'est tapi entre deux voiture. Tous les sens en éveil, il observe la jeune femme qui tient ses clés à la main et fait jouer la serrure de sa 4L. Alors qu'elle vient à peine de s'installer au volant et se prépare à démarrer, la portière conducteur s'ouvre soudainement sur un bras noir brandissant un couteau. Il pointe son arme sur le visage estomaqué de Pascale. D'un signe, il lui fait comprendre de s'asseoir sur le siège passager. Guy Georges referme la portière sans bruit et demande à Pascale de s'allonger et de se déshabiller. *Je vais te baiser*, murmure-t-il avec cynisme, sans émotion ni nervosité particulière.

L'homme est très froid, déterminé à s'octroyer cette proie facile et terrorisée.

Pascale, malgré sa peur, veut se défendre et tente de s'emparer du couteau de son agresseur. Elle prend la lame dans sa main et s'ouvre profondément à la paume. Guy Georges la repousse violemment et la tête de Pascale vient heurter durement la vitre de la portière. Elle est sonnée et l'homme en profite pour sortir son sexe. *Tu vas me sucer,* ordonne-t-il en faisant danser son couteau à quelques centimètres du visage de Pascale.

Hébétée, en pleurs, Pascale est contrainte de s'exécuter. Pour elle, cela lui semble durer une éternité, une éternité d'angoisse et de honte.

Alors qu'elle est penchée sur lui, Guy Georges lui porte un coup de couteau au cou pour affirmer plus encore son pouvoir et son emprise sur elle. Pascale ressent une vive douleur, mais ne remarque pas qu'elle saigne. Guy Georges redresse la jeune femme et l'oblige à retirer son jean et son slip. Il exulte. Il domine cette femme qui lui obéit au doigt et à l'œil. Elle est à lui, il a le droit de vie et de mort sur elle.

Sans ménagement, il l'allonge sur les sièges avant et tente de la pénétrer. Pascale est tellement crispée qu'il n'y parvient pas. Dans la voiture, on n'entend que les jurons étouffés de Guy Georges et les pleurs de sa victime. L'homme s'énerve. Il délace ses chaussures pour en faire des liens afin de ligoter les mains de Pascale dans son dos. Avec le foulard de l'étudiante, il fait un bâillon sommaire puis ordonne à sa victime de passer à l'arrière du véhicule. Pendant qu'il parle, Pascale parvient à défaire ses liens. Il faut qu'elle quitte la voiture, elle sait qu'à l'intérieur elle est à la merci de son bourreau. Avec une détermination vitale, elle bloque la main de Guy Georges et réussit à ouvrir la portière du côté du passager. Tout est allé très vite et Guy Georges n'a pas le temps de réagir. Pascale se projette hors de la voiture, se redresse et court en hurlant après avoir fait glisser son bâillon. Les phares d'une voiture balaient la scène et mettent en fuite Guy Georges qui se dirigeait arme au poing vers sa victime. Pascale est immédiatement secourue et s'aperçoit qu'elle saigne de la gorge. La police arrive rapidement sur les lieux et obtient de Pascale le signalement précis de son agresseur. Joe sera arrêté plus tard dans la soirée dans le centre-ville de Nancy. Il est aussitôt conduit dans les locaux de la police où il reconnaît être l'auteur de l'agression. Mais il prétend qu'il était ivre et qu'il ne se souvient de rien. L'éthylotest auquel il est soumis après son interpellation infirme cette thèse.

Placé sous mandat de dépôt à la maison d'arrêt de Nancy, il est entendu peu après par le juge d'instruction qui lui demande qu'elles étaient ses intentions à la suite de cette agression. Guy Georges indique qu'il n'avait jamais envisagé de revenir de sa permission et ne voulait pas devenir un « détenu volontaire ».

L'avocat commis d'office, maître Jean-Pierre Morin, se souvient d'un garçon poli, calme, mais très renfermé. Plus que tout, il a été frappé par l'absence de repères sociaux chez son client. Il garde le souvenir d'un homme à l'intelligence médiocre, voire primaire précisera-t-il à la presse. Coopérant peu à sa défense, Guy Georges semble absent lors des auditions sur les faits qui lui sont reprochés. Aux questions des policiers, du magistrat instructeur ou de son avocat, il oppose un mutisme dédaigneux.

Ce système de défense, Guy Georges ne l'abandonnera jamais.

C'est durant l'instruction pour le viol commis sur Pascale N. que Guy Georges est pris d'un intérêt soudain pour son histoire personnelle. Est-ce parce que les Morin ont rompu tout contact avec lui ? Cherche-t-il à se comprendre, à s'expliquer ?

Il écrit à la Ddass du Maine-et-Loire pour connaître l'identité de sa mère biologique. La Ddass lui répond à la fin de l'année 1984 et l'informe qu'il peut entrer en contact avec ses grands-parents maternels dont elle lui fournit les coordonnées.

Guy Georges réécrit dix fois sa lettre à ces grands-parents qu'il ne connaît pas et finit par la poster.

Sûrement pris de remords, les grands-parents Rampillon répondent à ce petit-fils inconnu. Ils échangent ainsi une quinzaine de lettres, souvent accompagnées de mandats que réclame Guy Georges. Dans l'une d'elle, il manifeste le désir de les rencontrer. Les deux grands parents hésitent puis, en mai 1985, Ella et Robert Rampillon rendent visite à ce petit-fils qu'ils n'ont fait qu'apercevoir vingt-trois ans plus tôt.

Ces « retrouvailles » sont étranges, elles arrivent trop tard. Chacun est emprunté, ne sait quoi dire à l'autre. La distance entre eux est trop grande. Guy Georges ne se reconnaît pas dans ce couple rigide et moralisateur.

Pour justifier son incarcération, il invente une histoire de bagarre qui a mal tourné sur un terrain de foot. Lorsque Robert Rampillon découvre que son « petit-fils » lui a menti, il cesse toute relation avec lui. Il ne reverra jamais cette « honte » qui n'aurait pas dû exister.

On retrouvera toujours le même type de mensonges chez Guy Georges pour expliquer ses nombreux séjours en prison. Il ne veut pas reconnaître qu'il est un agresseur sexuel et un violeur de femmes. Il sait que les pointeurs [1] sont la lie de la prison et n'ont aucune considération.

Le 5 juillet 1985, Guy Georges est condamné par la cour d'assise de Meurthe-et-Moselle à dix ans de réclusion criminelle pour viol commis sous la menace d'une arme. La liberté ne semble décidément pas faite pour lui.

1. "Violeur" dans le langage des prisons.

Détenu à la maison d'arrêt de Nancy du 29 février 1984 au 2 octobre 1985, Guy Georges est transféré à Fresnes où il restera un an jusqu'au 26 octobre 1986. Le psychologue de Fresnes note à propos du détenu *une problématique complexe dont l'événement fondamental est l'abandon à sa naissance dont il résulte des problèmes d'identification, une profonde béance narcissique, une quête massive, une réponse contre l'angoisse par l'intermédiaire d'un passage à l'acte, une immaturité affective et relationnelle*. Et il conclut : *une prise en charge psychothérapique serait indispensable*. Guy Georges n'en suivra jamais.

Du 27 octobre 1986 au 8 janvier 1991, Guy Georges est détenu au centre de détention de Caen, prison « spécialisée ». On y envoie les agresseurs sexuels auxquels on propose des thérapies adaptées à leurs pulsions morbides. Ces thérapies ne sont pas obligatoires. Sur cent soixante détenus à l'époque, vingt seulement en suivent une. Guy Georges, lui, la refuse. Il ne se sent pas malade. *Ce sont ces connards de psys qui déraillent, t'embrouillent et veulent te faire passer pour dingues. Ce sont eux les vrais barjes,* affirmera-t-il doctement à Omar Guendouz.

Durant ces quatre années, il ne va rien faire, excepté un peu de sport. Il ne lit pas, ne parle pas, et se replie sur lui-même. Alors que d'autres détenus mettent à profit leur temps de détention pour acquérir un bagage professionnel, lui préfère l'isolement et l'attente. Il passe pour un prisonnier modèle tant il peut être transparent. Là encore, les témoins que nous avons rencontrés doivent faire des efforts pour se remémorer cet homme. Il y a du caméléon chez Guy Georges, car sinon comment expliquer qu'il ait pu passer quatre années au milieu d'une centaine de prisonniers sans avoir laissé de trace ?

À la prison de Caen, aucun soin ni suivi psychiatrique ne sont effectués. Guy Georges ne verra le psychiatre qu'une fois, le 14 septembre 1989. Il est examiné par le docteur Vinyes en vue d'un rapport à remettre au juge de l'application des peines de Caen, Élisabeth Borrel.

Dans son rapport, il précise que *la dangerosité de Guy Georges en milieu libre est difficile à cerner et que rien ne prouve que Guy Georges est devenu capable de réfréner ses pulsions.* Le docteur Vinyes tempère son propos en indiquant que *cette dangerosité semble pouvoir être considérée comme diminuée par rapport à ce qu'elle fut.* Il recommande, *en cas de sortie, un suivi postpénal de réinsertion englobant une dimension psychothérapeutique, professionnelle, psychosociale et médicale, compte tenu des tendances alcooliques du sujet.*

En fait, Guy Georges a joué durant cet examen, une comédie parfaitement apprise. Il a dit ce que le médecin voulait entendre. Sa dangerosité, loin d'être amoindrie, s'est amplifiée de quatre années d'isolement et de ressassements. Le fauve est arrivé à l'âge adulte et personne ne l'a vu grandir. Pourtant, son dossier de détenu, qui le suit depuis sa première incarcération, ne laisse pas la place au doute quant à l'extrême violence qui émane de Guy Georges. L'homme en veut à la terre entière et veut lui faire payer au centuple l'état qui est le sien.

Guy Georges n'a plus qu'à attendre sa mise en liberté pour semer à nouveau la terreur.

Mais Joe n'aura pas la patience d'attendre sa libération. Le 8 janvier 1991, il bénéficie d'un régime de semi-liberté, mais est assigné à Caen. Pendant la journée, il travaille dans un foyer de jeunes travailleurs et regagne sa cellule le soir. Guy Georges ne supporte pas cette situation qu'il juge hypocrite. Il n'est pas en liberté, la laisse est simplement un peu plus longue. Alors, le 18 janvier, il craque et ne réintègre pas sa cellule. Après son travail, il se rend directement à la gare de Caen et saute dans le premier train pour Paris. Pour la justice, il devient un évadé. Il n'est plus à ça près.

# 7.
## Le premier meurtre

Arrivé à Paris, Guy Georges retourne à ses anciennes adresses. En neuf ans, beaucoup de choses ont changé. Il ne retrouve personne : les uns sont morts d'overdose, les autres ont disparu sans laisser d'adresse. Sans but, Guy Georges erre dans les rues, pique une bricole par-ci, par-là, qu'il refourgue aux puces de Montreuil ou à Barbès, au « marché aux voleurs ». La nuit, il squatte ou dort dans un petit hôtel rue de Navarin, *Le Savoy* dans le IX$^{e}$, payé par un de ses frères de lait, Dominique, restaurateur à Paris qu'il considère un peu comme son tuteur. Guy Georges lui a menti et Dominique ne se doute pas qu'il aide un « évadé » de la prison de Caen.

Pour subsister, il vole de la nourriture dans les supermarchés et devient un spécialiste du vol à l'étalage. À cette époque, on le croise souvent dans le quartier des Halles, où se réunissent les paumés de la capitale. Là, Guy Georges est dans son univers et n'a rien à prouver.

Malgré les coups de main occasionnels de son frère, il est toujours fauché et s'en prend régulièrement à des innocents qu'il traite de « bourges bourrés de fric » les accusant d'avoir tout alors que lui n'a rien. À ses yeux, les gens paraissant être heureux sont des boucs émissaires parfaits.

Dans ce Paris si terrible lorsque l'on n'a pas un rond, la folie de Guy Georges va pouvoir se développer tout à son aise. Faire le mal pour apaiser ses instincts devient la devise du présumé tueur.

Le 24 janvier, six jours après son évasion, Joe passe son après-midi au cinéma *Gaumont* à Montparnasse pour tromper son ennui. Il s'enfile trois séances de suite et quitte le cinéma vers 22 heures. L'homme flâne sur le boulevard du Montparnasse à la recherche d'un bar où passer le temps. Il échoue café *Edgar Quinet* où il sirote sa bière à la terrasse intérieure.

Au même moment, Pascale E., une jeune fille, petite mais superbe dans son tailleur noir avec sa jupe courte et sa magnifique chevelure blonde rentre chez elle. Pascale E. respire la joie de vivre. Elle revient d'un dîner avec ses copines étudiantes de La Sorbonne et le repas a été très joyeux, on avait parlé d'avenir... En fin d'après-midi, Pascale avait eu un rendez-vous pour un job d'étudiant chez *Hägen Daas* et cela marchait. Tout allait très bien pour cette étudiante en lettres modernes de dix-neuf ans, jusqu'à ce qu'elle croise le terrible chemin meurtrier de celui qu'on appellera plus tard le « tueur de l'Est parisien ». Elle est la première victime d'une longue série de crimes que l'on attribuera à ce tueur.

Lorsqu'il voit Pascale sur le boulevard, l'air heureux et la démarche assurée de quelqu'un bien dans sa peau, l'homme est envahi de mauvais sentiments : il flashe sur la jolie fille. Il finit son verre, quitte le café et suit la jeune femme. La chasse commence. Devant le 41 de la rue Delambre, Pascale compose son code d'accès et pousse la lourde porte de l'immeuble bourgeois qui met une éternité à se refermer. L'occasion est trop belle pour le tueur. Sans bruit, il se faufile derrière elle. La jeune femme commence à monter l'escalier. Elle entend des pas derrière elle, mais ne s'en inquiète pas, c'est sûrement un occupant de l'immeuble doit-elle penser. L'homme la rejoint, lui parle puis la dépasse pour ne pas l'inquiéter.

Pascale arrive à son tour au dernier étage et découvre qui l'attend en haut de l'escalier. L'inquiétude la gagne. L'individu, qui la domine, la regarde avec avidité et ironie. D'une voix hésitante, elle lui demande ce qu'il veut. *Toi !* répond-t-il en déployant son couteau, un Opinel numéro12, qu'il pointe en direction de Pascale. La jeune femme ne dit rien, une peur bleue l'envahit et l'empêche de crier. L'assaillant profite de cette panique et l'oblige à ouvrir la porte de son studio.

C'est un studio typique d'étudiante : un lit deux places, une chaîne hi-fi, un bureau, des bouquins partout... Pascale observe l'homme et tente de lui parler. Elle lui dit qu'elle est étudiante et qu'elle vient de trouver un job. L'agresseur l'écoute à peine mais la regarde avec avidité. Pascale a peur, elle se rue sur le téléphone pour demander de l'aide. L'homme est beaucoup plus rapide qu'elle. Il ceinture l'étudiante et la jette sur le lit. Pascale se débat de toute ses forces mais ne peut se dégager de l'étau des bras du tueur. Tout en immobilisant sa victime, il sort un rouleau de chatterton volé le matin même et entrave avec dextérité les mains de Pascale, la laissant totalement à sa merci.

Elle ne comprend pas ce qui lui arrive. Tout s'est passé si vite. Elle doit se dire qu'elle est dans un mauvais rêve, que des choses comme ça n'arrivent que dans les films. Pourtant, l'homme est bien dans sa chambre et se réjouit de la peur de sa victime. Lui, le pauvre type, le minable tient sous son pouvoir cette femme si sûre d'elle et si confiante en son avenir.

Sans précipitation, comme le chat s'amusant avec la souris avant de la tuer, il retire un à un les vêtements de Pascale. Jouant de son couteau, il coupe slip et soutien-gorge. Pascale est terrorisée, elle est incapable de parler tandis qu'elle le voit faire glisser son pantalon.

Pascale est tétanisée, le violeur la force a une fellation sous la menace de son couteau. L' homme amplifie son excitation en injuriant sa victime puis, surexcité, il la salit en la pénétrant avec violence comme pour la punir d'être une femme et de l'obliger à faire ça.

Après avoir pris son plaisir, comme si le viol n'était pas assez traumatisant, l'homme demande à Pascale en pleurs si elle a aimé. La jeune femme est ailleurs, en état de léthargie, le choc du viol l'a éloignée d'elle-même. L'agresseur en profite pour la pénétrer à nouveau après avoir pris soin de retirer son pantalon et ses chaussures. Maintenant, il est sûr de lui, il sait que Pascale ne tentera plus rien pour lui échapper.

Pascale ne réagit pas davantage à ce nouveau viol. Cette passivité énerve le violeur qui se retire d'elle et lui demande si elle a des objets de valeur. Il n'obtient pas de réponse. Il se met alors à fouiller méthodiquement pour trouver de l'argent ou des objets faciles à transporter et à refourguer. L'homme fait main basse sur un Walkman, un appareil photo, un discman, une montre, des stylos Mont-Blanc et différentes babioles qu'il enfourne dans le sac à dos de Pascale. Sur la table de chevet, il voit sa chaîne en or et son pendentif. Lorsqu'il veut s'en emparer, Pascale réagit. Elle est attachée à cette chaîne que lui a offert son petit ami. Aussi, dans un sursaut de courage, elle lance un coup de pied sans force à son agresseur. Il entre aussitôt dans une rage noire. Peut-être attendait-il un geste de révolte de sa victime ? Alors il frappe Pascale au visage et la bâillonne avec du chatterton. Une fois sa proie maîtrisée, il en profite pour lui retirer sa montre qui rejoint dans le sac les autres objets volés.

Pascale est totalement à sa merci. L'homme sent une puissance formidable l'envahir. Il domine la situation, la mène à sa guise. Il s'est attribué un droit de vie et de mort. Aujourd'hui, il a décidé de tuer.

Cette envie l'envahit, irrépressible. Il relève Pascale et la pousse sur le lit. Pascale tremble. A-t-elle compris à cet instant qu'elle faisait face à son assassin ? Mais avant cette mise à mort épouvantable, il sodomise sa victime pour la souiller plus encore. Elle n'oppose aucune résistance, incapable de se défendre. Dans son esprit, elle est déjà morte.

Avec détermination, le tueur porte un premier coup de

couteau à la gorge. Les yeux de Pascale sont emplis de terreur, son regard supplie. L'homme la frappe une deuxième fois, toujours à la gorge. Pascale réussit à se défaire du sparadrap et gémit : *Pourquoi tu me tues ?* Le tueur est sans doute déconcerté. Réalise-t-il à cet instant l'horreur de ce qu'il est en train d'accomplir ? Alors, pour en finir vite, il frappe Pascale à trois reprises. Un des coups sectionne la carotide. Sans émotion, l'homme observe l'agonie de sa victime. Cela ne ressemble-t-il pas à l'agonie des lapins qu'il prenait au collet ? Sa « puissance » est affirmée. Pascale meurt sans jamais avoir crié.

L'assassin s'est redressé et observe le corps sans vie. Qu'éprouve-t-il à cet instant ? Du remord, sûrement pas, puisque Guy Georges, le meurtrier présumé, nous a déclaré lorsqu'on l'interrogeait sur d'éventuels regrets pour les meurtres qu'il aurait commis : *Ben non, je ne les connaissais pas.* De la panique ? Non, puisque le tueur, après son crime, est allé dans la salle de bains se laver les mains puis a tranquillement bu une bière trouvée dans le frigo de sa victime avant d'en glisser une seconde dans son sac. Quel homme, le plus rompu à l'horreur, peut agir ainsi ?

L'homme repart, sans un regard pour Pascale qu'il vient de violer et de tuer. Tous les espoirs d'une vie promise au bonheur viennent de s'éteindre en même temps que naît le désespoir d'une famille.

Après avoir quitté l'appartement de Pascale en ayant pris soin d'effacer ses empreintes, il se rend près d'une benne de chantier sur le terre-plein au milieu du boulevard Edgar-Quinet. Là, il fait froidement l'inventaire des objets qu'il a dérobé, se débarrasse dans la benne de ce qui ne l'intéresse pas et de ce qui lui semble dangereux : carte bancaire, chéquier, papiers de sa victime et la canette de bière vide. Il n'oublie pas de jeter son couteau après l'avoir méticuleusement essuyé car, dira-t-il plus tard aux policiers : *J'achète un nouveau couteau à chaque fois*. Le tri accompli, le meurtrier s'assoit tranquillement sur un banc du boulevard et ouvre la deuxième bouteille de bière qu'il sirote avec le sentiment du travail bien fait.

C'est le premier meurtre que l'on reproche à Guy Georges. Ce crime constitue la matrice des meurtres futurs du « tueur de l'Est parisien » : repérer une femme seule, fondre brutalement sur elle, la terroriser avec son couteau puis l'entraver pour abuser d'elle à sa convenance. Le futur tueur en série y a pris goût, pourra-t-il un jour y renoncer ? Ainsi, il peut commettre l'irréparable sans rien ressentir et sans que cela se voie de l'extérieur. L'abomination est en marche.

C'est le petit ami de Pascale E., Guillaume R., qui a appelé les secours. Le lendemain du meurtre, Guillaume tente en vain de joindre celle qu'il aime au téléphone. La ligne est toujours occupée. Il appelle les amies de Pascale qui, elles non plus, n'ont pas de nouvelles. Pascale n'est pas allée en cours le vendredi matin, elle si assidue, cela ne lui ressemble pas.

Guillaume insiste auprès d'une amie qui passe finalement chez Pascale vers midi. Elle frappe, appelle, mais personne ne lui répond.

À 22 heures, Guillaume décide d'appeler police secours. Le spectacle qu'ils découvrent les horrifie. Allongée au pied de son lit, dénudée, Pascale baigne dans son sang, égorgée de trois coups de couteau. Le torse est également ensanglanté. Son corps présente plusieurs autres traces de coups de couteau et de nombreux hématomes.

Guy Georges apprendra le lendemain par la presse le nom de la victime. Il apprend que les policiers ont passé l'appartement de Pascale au peigne fin et n'ont pas trouvé d'indice probant, qu'aucune empreinte n'a pu être relevée sur les lieux et qu'ils ne disposent d'aucune piste sérieuse. Le dossier d'instruction est confié au juge Martine Bernard. L'enquête est menée sans grande conviction. L'enquête de voisinage et d'entourage n'apporte aucun élément sérieux aux enquêteurs.

Début 1998, juste avant l'arrestation de Guy Georges, la juge Martine Bernard s'apprêtait à classer l'affaire « sans suite ».

## 8.
## ALLER-RETOUR EN PRISON

De retour à l'hôtel *Savoy*, Guy Georges trouve un mot glissé sous sa porte. L'hôtelier lui a écrit qu'il veut lui parler car la police est venue le chercher pour le reconduire en prison. Le lendemain matin, il rencontre l'hôtelier, un Corse d'une cinquantaine d'années, Arcole C. L'homme est rude, mais s'est pris d'une affection bourrue pour ce drôle de frère noir de son ami Dominique. Il sait que le gamin a fait des conneries, mais il veut jouer de son autorité pour tenter de le remettre dans le droit chemin. Alors, il lui parle sur un ton solennel, comme on s'adresse à un fils, l'exhorte à la raison, lui donne des motifs d'espérer. Guy Georges l'écoute. Il respecte cet homme qui s'intéresse à lui malgré son passé. Il ne veut pas retourner en prison, il ne retournera pas dans sa « cage », c'est trop humiliant, trop dur et puis, *il n'est pas un mouton qui suit le troupeau*. L'hôtelier l'écoute, le rassure et finalement réussit à le convaincre de se constituer prisonnier. Arcole promet d'intervenir auprès des policiers pour tenter d'obtenir la clémence de la justice. Guy Georges lui en sera toujours reconnaissant et repassera régulièrement le voir entre deux séjours en prison.

C'est lors d'une de ses visites à l'hôtelier, en décembre 1997, que Guy Georges découvre le portrait-robot du « tueur de l'Est parisien ». Arcole C. se souvient de sa réaction : *C'est un Arabe qui a fait ça, c'est dégueulasse,* affirme haut et fort Joe le killer. Déjà, en 1995, Joe s'emporte auprès du psychiatre Yves-Michel D. lors d'un parloir au centre de détention de Châteaudun : *Les pointeurs, c'est des mecs dégueulasses, des ordures...*

Le 17 février 1991, Guy Georges se constitue prisonnier au commissariat du IX$^{e}$ arrondissement où il est brièvement interrogé. Conduit à la prison de la Santé, il est transféré le jour même à la prison de Caen. Pour cette évasion, il va écoper d'une peine d'emprisonnement de huit mois prononcée par le tribunal correctionnel de Caen, le 14 mai 1991.

Durant son audition dans les locaux de la police, aucun inspecteur n'approfondit l'emploi du temps de Guy Georges du 18 janvier au 17 février 1991 ni ne vérifie, compte tenu du casier judiciaire de l'évadé déjà condamné pour viol, si des crimes à caractère sexuel ont été commis à Paris durant sa cavale de quatre semaines.

Le juge d'application des peines de Caen, trop content de retrouver son prisonnier, ne posera pas plus de questions à Guy Georges sur son séjour parisien. À ce sujet, le procureur de Paris Bruno Cotte a déclaré à la presse : *c'était un évadé comme un autre, on était surtout content de le récupérer.*

L'assassin présumé doit sûrement en tirer une impression d'invincibilité. Il peut donc tuer sans être inquiété. Favorisé par un cloisonnement quasi étanche des services de police et de justice qui rend difficiles les ponts entre les différents services, le « tueur de l'Est parisien » va développer un formidable sentiment de puissance et d'impunité qui ne va plus le quitter.

En décembre 1991, Guy Georges est transféré à la prison de Coutances où il restera jusqu'au 4 avril 1992. Un ancien détenu se souvient d'un Noir, petit, trapu, renfermé et à l'air abruti. L'homme se targuait d'être là pour un hold-up sanglant à Paris. De ce fait, il n'était pas emmerdé et ne la ramenait pas. Il ne demandait jamais rien et pouvait passer des heures sans rien dire, les yeux dans le vide, fixant un point devant lui. Au bout de quelques jours, plus personne n'a fait attention à lui.

À peine Guy Georges est-il sorti de prison qu'il replonge. Dix-huit jours plus tard, le 22 avril 1992, il est de nouveau arrêté pour violences volontaires sous la menace d'une arme. La victime de sa violence s'appelle Éléonore P.

Dans la soirée du 22 avril 1992, Joe retrouve trois copains de galère vers la place Clichy. Un des potes crèche dans un squat pas loin de là, un vieil immeuble insalubre où l'on a quand même réussi à détourner l'électricité d'un immeuble voisin. L'endroit est glauque, inconfortable, mais pour Guy Georges, tout juste sorti de prison, l'occase est trop belle. On parle zique, combines et on se donne des nouvelles des copains partis s'installer en province où l'on s'imagine la vie plus facile. Dans cette ambiance enfumée, les pétards tournent à un rythme endiablé et les cadavres de bouteilles de mauvais vins s'entassent.

Guy Georges n'a plus l'habitude de boire, il est vite raide défoncé. La tête lui tourne. Sans un mot, il se lève et sort prendre l'air. Ses pas le conduisent vers le boulevard Malesherbes. Le boulevard est désert à cette heure de la nuit. Vers une heure du matin, le froid de la nuit finit par dégriser Joe le killer et il remarque, sur le trottoir opposé, la silhouette d'une jeune femme marchant d'un pas alerte. Éléonore P. va retrouver son ami qu'elle n'a pas vu depuis trois jours. La fille a belle allure, c'est une proie facile, une proie comme il les aime : isolée et sans méfiance. Une fois encore son instinct de chasseur se réveille. Il change de trottoir et suit la jeune femme à une quinzaine de mètres, rythmant son pas sur le sien et se donnant l'air d'un noctambule qui rentre chez lui. En fait, la traque commence, provoquant en lui une délicieuse exaltation et augmentant son excitation.

En la suivant à distance, il a tout le temps de s'imprégner des contours harmonieux de ce corps qu'il désire détruire. Il lui faut souiller cette femme innocente. Il en a été privé trop longtemps et d'ailleurs, n'est-il pas allé en prison à cause de l'une d'elles ? Éléonore apparaît comme une victime idéale et expiatoire.

La jeune femme a immédiatement senti cette présence derrière elle, mais elle ne s'en inquiète pas vraiment ; le boulevard Malesherbes ne lui paraît pas être un endroit à risque. Arrivée devant la porte de l'immeuble, elle jette néanmoins un regard par-dessus son épaule et voit un homme qui marche à une dizaine de mètres d'elle, l'air ailleurs. Elle entre dans l'immeuble avec une légère appréhension et déclenche la minuterie. Au même moment, dans un bond, Guy Georges a franchi les quelques mètres qui le séparent de sa proie et se précipite sur la porte pour se retrouver dans le hall, face à Éléonore qui le regarde, pétrifiée. Son Opinel déjà ouvert, il plaque la jeune femme contre le mur et appuie la lame du couteau sur la gorge de sa victime. Dans un murmure, il réclame de l'argent. Sa main se fait plus ferme encore et il entaille Éléonore sous le menton pour l'affoler plus encore. Malgré le sang qui lui coule dans le cou, elle parle à son agresseur, lui dit qu'elle est étudiante et qu'elle n'a pas d'argent sur elle. Pour le lui prouver, elle lui tend son porte-monnaie. Guy Georges le rejette avec énervement, la fixant de ses yeux exorbités, menaçants. *Alors, tu vas me sucer*, lui ordonne-t-il tout en la forçant à s'agenouiller.

Éléonore, malgré la peur qui la paralyse, refuse et oppose une violente résistance. L'homme est puissant, il pousse Éléonore et l'entraîne dans sa chute. La lumière s'éteint et, dans un réflexe de survie, Éléonore repousse brutalement Guy Georges avec ses pieds, puis se met à hurler de toutes les forces que lui donne sa peur. Les cris, dans cet immense hall, résonnent aux oreilles de Joe comme autant de graves menaces. La lumière se rallume et il entend les pas précipités des habitants de l'immeuble venus porter secours à la jeune femme. Guy Georges prend peur et s'enfuit. Quelques minutes plus tôt, la concierge de l'immeuble avait été réveillée par des voix qui lui semblaient agressives. Depuis sa loge, elle a observé les derniers instants de la scène et appelé la police juste avant la fuite de l'agresseur.

Guy Georges panique, il court à toutes jambes pour mettre le plus de distance entre lui et le lieu de son agression. Le cœur battant, hors d'haleine, il arrive place Saint-Augustin où il ralentit enfin sa course. Il est en nage, son visage est déformé par la peur. L'homme est aux abois. Il est passé de l'état de chasseur à celui de proie et observe en tout sens, comme un animal traqué. C'est ce comportement anormal qui intrigue la patrouille de police secours alertée de l'agression. Elle prend en chasse l'homme qui vient de se remettre à courir et l'appréhende sans résistance rue de la Pépinière. *On a chopé un pauvre type hébété qui était mort de trouille*, se souvient un inspecteur du commissariat du VIII$^{e}$ arrondissement où Guy Georges est interrogé. Pour sa défense, il affirme aux policiers qu'il était ivre au moment des faits et qu'il voulait seulement voler sa victime. Pourtant, ni Éléonore ni les policiers qui l'ont arrêté ne se souviennent d'un homme ivre.

Après son agression, la jeune femme est conduite à l'Hôtel-Dieu. Éléonore est tailladée au menton et à l'épaule. Guy Georges prétend qu'il s'agit de blessures involontaires consécutives à la chute des corps. En fait, ces blessures peu profondes et non mortelles ont pour unique but de terroriser les victimes du présumé tueur et de les amener à accepter toutes ses demandes. Éléonore, elle, est formelle : la blessure lui a été infligée avant sa chute. À cet instant, elle a cru mourir tant l'homme lui est apparu exalté et déterminé.

Guy Georges, lui, retourne en prison à Fresnes. Le 14 octobre 1992, il est condamné par le tribunal correctionnel de Paris à cinq ans d'emprisonnement dont trois ans avec sursis, assortis d'une mise à l'épreuve de trois ans pour violences volontaires avec et sous la menace d'une arme. Le tribunal a déqualifié les faits en ne retenant pas le caractère sexuel de l'agression. Guy Georges, bien que lourdement condamné, évite ainsi les assises et l'inscription à son dossier pénal d'une nouvelle agression sexuelle. Cette déqualification du crime commis par Guy Georges, puis celle qui surviendra trois ans plus tard dans l'agression commise sur Mélanie B., vont sans doute retarder l'arrestation du « tueur de l'Est parisien », car la police recherche un criminel sexuel, pas une petite frappe violente.

À cette critique, il nous a été répondu qu'*il vaut mieux une comparution immédiate en correctionnelle où les peines de prison peuvent être très lourdes, plutôt qu'un procès d'assises qui sont longs et coûtent cher aux contribuables.*

Les familles des victimes apprécieront sûrement.

Le 3 mars 1993, Guy Georges est transféré de la maison d'arrêt de Fresnes au centre de détention de Liancourt. Il en ressortira libre le 5 novembre de la même année.

## 9.
## Meurtre en sous-sol

De retour à Paris, il retourne voir son frère. L'accueil est glacial. Guy Georges comprend qu'il dérange. Une fois de plus, il se fait jeter par ceux qu'il considère comme sa famille. Il repart vers l'errance, vit de squat en squat et recommence à se prostituer du côté de la place Clichy. Mais Guy Georges ne tapine plus comme avant. Plutôt que de faire des pipes ou des passes autour du cimetière Montmartre, il va michetonner. On le retrouve souvent dans les boîtes homo à la mode où il se fait lever par des types friqués chez qui il finit la nuit. C'est bien payé et plus confortable. C'est dans l'une de ces boîtes qu'il rencontre Frédéric F., un homosexuel d'une cinquantaine d'années bourré de fric. Frédéric est un toxico notoire, il sniffe de la coke et picole sec. Avec Guy Georges, ils s'éclatent et on les voit s'afficher dans les boîtes à la mode, aux *Bains* ou au *Queen*. Frédéric est généreux et gâte son beau

Noir. L'idylle dure quelques mois puis Frédéric, lassé, et Guy Georges, de plus en plus mal dans son rôle de pédale entretenue, se séparent. Guy Georges n'est pas vraiment homosexuel. S'il a ce type de relations, c'est plus par nécessité que par goût.

Quand il ne dort pas chez Frédéric ou chez ses clients d'un soir, il vit dans un petit hôtel de la rue de Reuilly, dans le XII$^{e}$. Cet hôtel lui a été recommandé par l'assistante sociale qui suit les détenus à leur sortie de prison.

Malgré ses déjà nombreux séjours en détention, sa haine et ses démons ne l'ont jamais quitté. Dans la nuit du 6 au 7 janvier 1994, soit moins de deux mois après sa sortie de prison, le présumé « tueur de l'Est parisien » va encore violer et tuer. Vers une heure du matin, cette nuit-là, il regagne son hôtel.

Dans la soirée, Guy Georges s'est engueulé avec Frédéric. Leur histoire bat de l'aile et Frédéric a refusé de lui donner de l'argent. Joe en veut à la terre entière. Il fait très froid, un froid de gueux. Joe a raté le dernier métro à Nation et doit se résoudre à rentrer à pied.

Au même instant, à la hauteur du 67 du boulevard de Reuilly, une voiture rentre au parking, conduite par une belle femme, Catherine R. Elle se rend à son box de stationnement dans les sous-sols de la société qui l'emploie. Catherine rentre d'une soirée chez des amis, elle est fatiguée et ne pense qu'à rentrer dormir. Innconsciente du danger qui la menace, elle ne remarque pas un type qui la mate.

Cette ravissante femme brune de vingt-huit ans, assistante commerciale, soigne son apparence. Toujours élégante, très classe, Catherine plaît beaucoup. Ce soir-là, elle est particulièrement attirante dans son pantalon en cuir qui allonge encore la silhouette de cette femme de un mètre soixante-quinze.

L'homme a un de ses sinistres flashes, il devient en un instant le « tueur de l'Est parisien ». Il lui faut cette femme. N'écoutant plus que son instinct barbare, il pénètre dans le parking alors que la porte se referme. l'homme est en chasse. Son matériel est fin prêt : son Opinel pour tuer et ses bandes adhésives pour immobiliser sa victime. Le bruit de la voiture le guide. Il voit Catherine ouvrir la porte de son box, au deuxième sous-sol. La femme est penchée sur la serrure. Lorsqu'il aperçoit la silhouette, tel un chien de chasse, l'agresseur marque l'arrêt. La fille est jeune et jolie. Le tueur s'approche sans bruit et se tapit à quelques mètres de sa proie. L'intérieur du box est éclairé par les phares de la voiture, la lumière du box ne fonctionne pas. Le « tueur de l'Est parisien » laisse Catherine rentrer son véhicule. Ses mains serrent nerveusement le manche en bois de l'Opinel. Docteur Jekill laisse la place à Mister Hide. Son visage se contracte, plus rien ne peut l'arrêter à présent. Il attend le meilleur moment pour fondre sur sa victime. Catherine ressort et commence à baisser la porte de son box. L'homme est sorti de sa planque et s'approche à pas de loup de la femme qui lui tourne toujours le dos. Avec une grande agilité et une rapidité foudroyante, il ceinture sa victime, plaque très violemment sa main sur sa bouche et lui ordonne de ne pas crier. Rapidement, il relève la porte du box et entraîne Catherine à l'intérieur. Il lit la terreur dans ses yeux. Il jubile.

Sans une parole, la bouche cerclée d'écume, il entrave les mains de la femme dans son dos à l'aide de l'adhésif. Comme les victimes précédentes, Catherine est paralysée par la peur. Le monde s'écroule en quelques instants, l'enfer embrase ses pieds. Assommée de terreur, c'est comme un automate qu'elle remonte dans sa voiture côté conducteur tandis que son bourreau reste à l'extérieur. Il lui réclame durement son argent. D'une voix éteinte, elle lui répond qu'elle n'en a pas, mais, pour le calmer, elle lui tend sa carte de crédit dont elle lui révèle spontanément le code secret. «L'animal» mémorise cette information et annonce avec sadisme à Catherine qu'il va la violer.

L'homme ne se déshabille pas. Son expérience de délinquant sexuel lui a enseigné que au cas où il serait surpris, il pourrait rapidement s'enfuir. C'est pour cela qu'il ouvre seulement sa braguette.

Catherine fond en larmes et implore son tortionnaire de la laisser partir, elle jure qu'elle ne dira rien à personne. Il ne l'écoute pas, il n'a qu'une idée en tête. Dans un état de surexitation, il ouvre en deux le tee-shirt de Catherine avec son couteau, puis son soutien-gorge. Avec la même dextérité, le pantalon est lacéré. Catherine n'a plus que ses bottes à lacets. Le couteau toujours en main, le tueur attache les poignets de Catherine avec du chatterton. Une nouvelle fois, il domine sa victime et en ressent un profond sentiment de puissance. Pour asservir encore plus sa « chose », il doit la posséder totalement.

Sans ménagement, il l'entraîne à l'arrière de la voiture. Pour plus de sécurité, il bâillonne Catherine qui suffoque et ne réagit plus. Elle est incapable de se défendre, l'homme la tient en son pouvoir. Peut-être imagine-t-elle que son tortionnaire repartira après s'être repu d'elle ? Mais le violeur sait qu'il va la tuer. Cela fait partie de son rituel de possession de la femme sur laquelle sa haine s'est portée.

Après avoir violé sa victime, les yeux exorbités, il assène avec une incroyable violence plusieurs coups de couteau à la gorge et à la poitrine de Catherine. Il veut en finir vite.

Veut-il accomplir le rituel qui le venge des femmes, un matricide par procuration comme l'affirmeront plus tard des psychiatres ou, plus simplement, effacer les preuves vivantes et ne laisser aucun indice matériel de ses horribles crimes ?

Le bourreau n'a pas un regard pour sa victime, elle n'a plus aucun intérêt pour lui. Il fait glisser le corps entre les sièges de la voiture afin de le planquer. Une fois sa besogne achevée, il ne lui reste plus qu'à fouiller le sac de Catherine à la recherche de sa carte bancaire et éventuellement de l'argent au cas où elle aurait menti. Pour pouvoir s'enfuir, il s'empare également du boîtier de télécommande de l'ouverture des portes du parking.

Comme à son habitude, c'est sans aucune émotion qu'il referme le box puis regagne la rue.

L'homme veut tout de suite vérifier le code confidentiel de la carte de crédit. Il se rend place Félix Éboué où il a repéré un distributeur de billet. Le code est bon, Catherine ne lui a pas menti. Alors il retire frénétiquement, en trois fois, de 3 heures 20 à 4 heures 50, trois mille huit cents francs, tel un joueur qui aurait touché le jackpot. Jamais il n'a eu une telle somme depuis sa sortie de prison. De ce fait, son sentiment de puissance et d'impunité s'en trouve terriblement renforcé. Il peut donc voler et tuer sans être inquiété. D'ailleurs, de source judiciaire, il aurait affirmé qu'il lui est souvent arrivé, lors d'autres agressions, de dérober les cartes bancaires de ses victimes après leur avoir demandé leur code confidentiel. Jamais il n'a pu les utiliser car à chaque fois, contrairement à cette fois-ci, le code était faux.

Inquiet de l'absence inhabituelle de la jeune femme, son employeur se rend au box de la société où il constate la présence de la voiture de Catherine. Il se penche pour regarder à l'intérieur du véhicule. Ce qu'il y voit le pétrifie d'horreur. Le corps de la malheureuse Catherine gît, ensanglanté, depuis trois jours.

Les policiers de la crim' [1] dépêchés sur les lieux sont eux aussi effrayés par l'impression de violence qui se dégage de la scène. Outre les coups mortels qu'ils relèvent sur la victime, ils constatent de nombreux hématomes au visage qui indiquent que Catherine R. s'est défendue et qu'elle a été tabassée par son violeur.

Au cours de nos investigations, nous avons appris que Guy Georges aurait déclaré, lors de ses interrogatoires à la brigade criminelle avant de se rétracter : « ... *J'ai frappé un peu au hasard, tournant la tête afin de ne pas regarder. Il me semble qu'elle est morte rapidement...* »

1. Abréviation de « brigade criminelle ».

Guy Georges lit régulièrement la rubrique des faits divers dans les jours qui suivent les agressions meurtrières. Il constate que la police tourne en rond et n'avance pas dans ses recherches. Le présumé « tueur de l'Est parisien » se sent-il invulnérable et se conforte-t-il dans l'idée que rien ne peut lui arriver ? Lui, le pauvre type, fait la nique à la police qui stagne dans les enquêtes sur les précédents crimes qu'on lui reproche.

La police, il est vrai, dispose de peu d'indice, le « tueur de l'Est parisien » a pris soin de retirer les liens et le bâillon de Catherine. Il est difficile de faire le rapprochement entre l'agression d'Éléonore qui a valu à Guy Georges de se retrouver une nouvelle fois derrière les barreaux et le meurtre de Catherine R. Pour les policiers, il s'agit d'un simple crime de rôdeur, ils ne pensent pas avoir affaire à un tueur en série.

## 10.
## L'AGRESSION MANQUÉE D'ANNIE

Pourtant, les pulsions destructrices du tueur ne sont pas apaisées.

Le 13 janvier 1994, six jours après la mort de Catherine R., Guy Georges traîne aux petites heures de la nuit dans le XIV^e^ arrondissement. Il sort d'une fête dans un squat où l'on a beaucoup fumé de cigarettes magiques et picolé davantage encore. Joe le Killer déambule sans but dans les rues désertes de ce quartier tranquille. Sa tête est vide et il a du mal à ne pas tituber.

Il est presque trois heures du matin lorsqu'Annie L. regagne son domicile. Elle est animatrice à Radio Nostalgie et assure la tranche de nuit. La jeune femme revient d'un restaurant à Montreuil où l'équipe de la radio a organisé une petite fête. Annie est vannée et n'a qu'une envie, retrouver son lit.

Embusqué entre deux voitures en stationnement, un

homme observe la jeune femme qui sort de son véhicule. La fille est jeune et belle dans son tailleur qui lui donne beaucoup de classe. Le tueur a un flash. La victime est trop tentante et tout est réuni pour que l'agression comporte le moins de risques possible. Le meurtrier n'est pas courageux et seule les victimes à l'aspect inoffensif l'intéresse.

Annie L. se rend d'un pas décidé vers son appartement, elle n'est pas inquiète et n'a *a priori* aucune raison de l'être.

Elle n'a pas senti la présence de l'homme à quelques mètres derrière elle. La rue est si déserte, si silencieuse qu'elle n'a aucune méfiance. Cette nuit est comme toutes les autres. Elle ne se doute pas qu'elle est épiée par un redoutable fauve, ivre de violence et de haine.

Annie vient à peine de composer le code d'accès à son immeuble que l'homme s'engouffre à sa suite. La jeune femme sursaute et pense qu'il s'agit d'un habitant de l'immeuble qui rentre tard lui aussi. L'« animal » la salue et lui demande si elle a les clés de la deuxième porte d'accès de l'immeuble. L'individu est affable et se montre sous son meilleur jour. Annie ne se méfie pas et ouvre sans le savoir à son bourreau. Dès que la porte se referme sur eux, l'agresseur enserre de ses bras puissants la jeune femme et la plaque au sol, la bloquant de tout son poids.

Annie arrive pourtant à crier, mais aucun habitant de l'immeuble ne réagit. Le « tueur de l'Est parisien » s'énerve et la bâillonne d'une main. Tout va très vite. Les gestes de l'homme sont rapides et précis, comme s'il avait longtemps répété les scènes de ses agressions. Il pose son couteau sur la gorge d'Annie et lui ordonne de se taire *sinon il va la massacrer*. Lorsqu'il sent sa victime pétrifiée de peur, il lui demande son sac. Il s'est redressé à califourchon sur la jeune femme et commence à lui caresser les jambes sous sa jupe. Annie se raidit sous le contact hideux, mais ne peut empêcher le violeur de poursuivre son intrusion. Lassé de violer l'intimité d'Annie, il lui impose la vue de son sexe et l'oblige à une fellation sous la menace de son arme. Mais le tortionnaire veut plus de sa victime, il faut la posséder pour que sa toute puissance s'exprime. Il lui demande alors d'ouvrir la porte de son appartement, il lui adffirme qu'il partira juste après. Annie lui répond qu'il y a quelqu'un chez elle. De rage, le violeur arrache la veste d'Annie et la jette au bas des escaliers menant aux caves de l'immeuble. Dans sa naïveté, l'homme pense qu'une femme préférera un bout de tissu à un viol. Annie sait que c'est peut-être là sa seule chance d'échapper à son agresseur. L'agresseur descend quelques marches pour récupérer la veste. Profitant de la distance qui les sépare à présent, Annie se relève et court à toutes jambes se réfugier dans son appartement au premier étage. Le meurtrier a compris qu'il s'est fait rouler et quitte l'immeuble furieux après lui. Annie ne sait pas qu'elle vient d'échapper à la mort.

Malgré sa peur et le souffle qui lui manque, elle appelle immédiatement police secours qui arrive très rapidement sur les lieux. La police aura moins de chance que lors de l'agression d'Éléonore. Elle patrouille en vain dans les rues alentour à la recherche d'un homme de race noire très précisément décrit par Annie.

Dans le même temps, Guy Georges regagne tranquillement la rue Didot sans oublier, comme à son habitude, de passer chez l'épicier arabe en bas du squat pour s'approvisionner en canettes de bière. Il passe ensuite chez le Grec acheter un sandwich-frites. Au squat, il fait le tour des appartements pour saluer ses potes et prendre des nouvelles sans jamais rien laisser paraître.

Annie L. dépose plainte au commissariat du XIV$^{e}$, mais l'enquête ne donnera rien. Il faudra attendre l'arrestation du présumé tueur en série pour qu'Annie reconnaisse formellement en Guy Georges son agresseur. Elle revoit la photo de l'homme paradant arme aux poing, présenté presque comme un héros dans les pages de *VSD*. Elle en éprouve un terrible malaise, un dégoût et une peur rétrospective en apprenant qu'il s'agit du « tueur de l'Est parisien » à qui l'on attribue plusieurs viols, meurtres et agressions de jeunes femmes.

Confrontée à Guy Georges en octobre 1998, Annie L. suffoque lorsqu'on lui présente son probable agresseur. Après avoir repris ses esprits, c'est sans hésitation qu'elle confirme qu'il s'agit bien de son violeur, la voix est bien celle de l'homme qui l'a traumatisée.

Guy Georges nie farouchement cette agression et refuse de reconnaître sa victime. Il affirme que, la nuit de l'agression, il se trouvait au foyer Saint-Yves à Versailles, foyer qu'il faut réintégrer avant 22 heures et qui reste fermé la nuit. La brigade criminelle vérifie cet alibi en consultant le registres des entrées du foyer. : Guy Georges n'y était pas le 13 janvier 1994.

Non seulement Guy Georges a été reconnu formellement par Annie L., mais les caractéristiques de cette agression porte la signature du « tueur de l'Est parisien » :

une belle jeune femme seule la nuit qui rentre chez elle, l'extrême rapidité de l'attaque, la menace d'un couteau, le viol.

Annie L. s'est constituée partie civile le 23 mars 1999.

## 11.
## La double vie de Guy Georges

En février 1994, Guy Georges n'en peut plus du milieu homo. Il y étouffe et ne supporte plus ces pédales friquées qui ne pensent qu'à se faire défoncer. Il rompt toutes relations sexuelles avec Frédéric F. et, pour se convaincre qu'il est toujours sexuellement attiré par les femmes, il drague une très jeune métisse rondelette, Sandrine L., la fille d'une amie de Frédéric. Sandrine est une paumée, qui plane en permanence, limite déjantée. Ballottée par la vie, dépressive, Sandrine trouve en Joe un homme gentil et attentionné. Elle est à mille lieues d'imaginer que l'homme qu'elle aime est un violeur et un tueur présumé. Ensemble, ils tournent dans les milieux de la marginalité ; les journaux de SDF, les centres d'aide, les différents foyers de la capitale, les squats et tous les lieux de refourgue.

Guy Georges touche le RMI depuis décembre 1993, mais le claque dès les premiers jours, tournant de bringues en bringues dans les squats avec Sandrine ou en la couvrant de petits cadeaux.

Mazoot, un des squatters de la rue Didot, puis de la rue Saint-Sauveur où il introduira Guy Georges, se souvient : *Lorsque Joe débarquait avec Sandrine, ils avaient toujours les bras chargés de bouffe et de bouteilles. Ils venaient souvent chez moi, car c'était clean et on jouait de la zique toute la nuit en fumant des pétards et en buvant de la bière. Joe aimait ma musique et rythmait mes blues en battant comme un dingue sur ses cuisses. C'était un bon batteur, il a même fait des bœufs de oufs* [1] *avec des groupes de blues. Avec Sandrine, il était très tendre, très attentionné. Pour moi, c'était un des types les plus cools que je connaissais, toujours prêt à rendre service à un pote dans la dèche. Je n'ai jamais rencontré de mec plus serviable. Souvent il m'a prêté de la thune quand je n'avais plus rien à bouffer et ne me la réclamait jamais, il attendait que je lui rende.*

Guy Georges et Sandrine connaissent parfaitement l'univers des squats. Ils s'y sentent chez eux.

Joe et Sandrine sont informés dès qu'un endroit peut les accueillir. C'est Mazoot qui leur indique qu'un squat ouvert par le DAL (Droit au logement) vient de s'établir rue Didot, dans le XIV$^{e}$ et qu'il reste plusieurs appartements libres.

Début 1994, Sandrine et lui investissent un trois-pièces au quatrième étage du 14 de la rue Didot. Ils y retrouvent une trentaine de personnes, tous sont jeunes et déracinés.

1. « fous » en verlan.

D.R.

# PHOTOS D'IDENTITÉS JUDICIAIRES

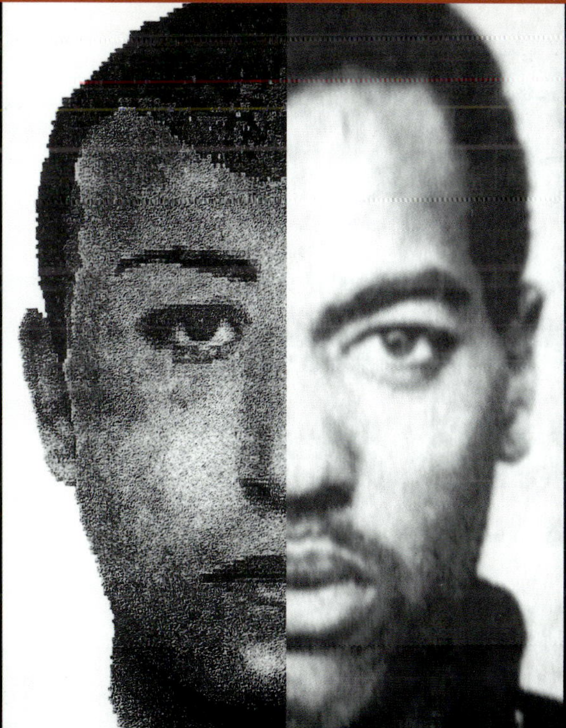

D.R.

**Sur ce montage réalisé par nos soins, la différence entre le portrait robot établi en 1995 grâce au témoignage d'une rescapée du « tueur de l'Est parisien », Élisabeth O. (à gauche) et la photo d'identité judiciaire (à droite), est flagrante.**

conception : Vincent Lebée

DOCUMENTS EXCLUSIFS

SNCF
DIRECTION JURIDIQUE

**Date:** 04/04/2000

**Nombre de pages (celle-ci comprise):** 2

**A:**

**Téléphone:** 01.53.06.63.43
**Télécopie:** 01.42.29.30.11

**De:** Christine
Unité de Gestion des Contraventions
72 av du Président Wilson
34500 BEZIERS
**Téléphone:** 04.67.49.62 74
**Télécopie:** 04.67.49.69 16

**Notes:** ☐ Urgent ☐ Pour information ☐ Réponse au plus vite ☐ Veuillez commenter

Monsieur,

Suite à notre conversation téléphonique de ce jour, veuillez trouver ci-joint un récapitulatif des avis d'infraction établis au nom de :
MR GEORGES Guy né le 15/10/62.

RECAPITULATIF
PV AU NOM DE GEORGES Guy

| DATE | N° PV | MONTANT | ETAT | TRAJET |
|---|---|---|---|---|
| 18/02/95 | 70321587 | 460.00 F | | PARIS - DIJON |
| 19/02/95 | 70320638 | 410.00 F | AFM | DIJON - PARIS |
| 26/04/95 | 50082507 | 480.00 F | | PARIS - ANGOULEME |
| 30/06/95 | 50537523 | 490.00 F | | PARIS - ANGOULEME |
| 02/07/95 | 50997659 | 490.00 F | | ANGOULEME - PARIS |
| 14/07/95 | 51037016 | 490.00 F | AFM | PARIS - ANGOULEME |
| 16/07/95 | 50939570 | 490.00 F | | ANGOULEME - PARIS |
| 31/10/97 | 52710299 | 542.00 F | AFM | PARIS - ANGOULEME |
| 05/12/97 | 31783551 | 522.00 F | AFM | ST LOUIS - PARIS |

AFM = Dossier transmis à l'officier du ministère public

SNCF
DIRECTION JURIDIQUE

PV de la SNCF à l'encontre de Guy Georges entre 1995 et 1997 lors de ses déplacements en Charente chez son pote Mazoot (en bas à droite).

D.R.

D.R.

D.R.

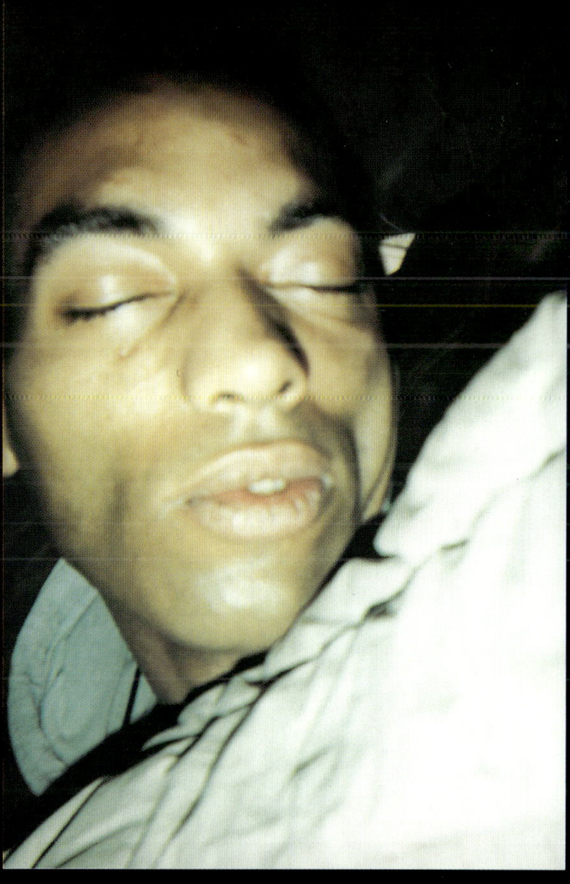

D.R.

**En haut** : Le violeur et tueur présumé ici en compagnie de sa protégée qu'il appelle "Petite sœur".
**Au centre** : L'entrée du squat de la rue Saint-Sauveur.
**À droite** : Le serial killer présumé deux jours avant son arrestation.

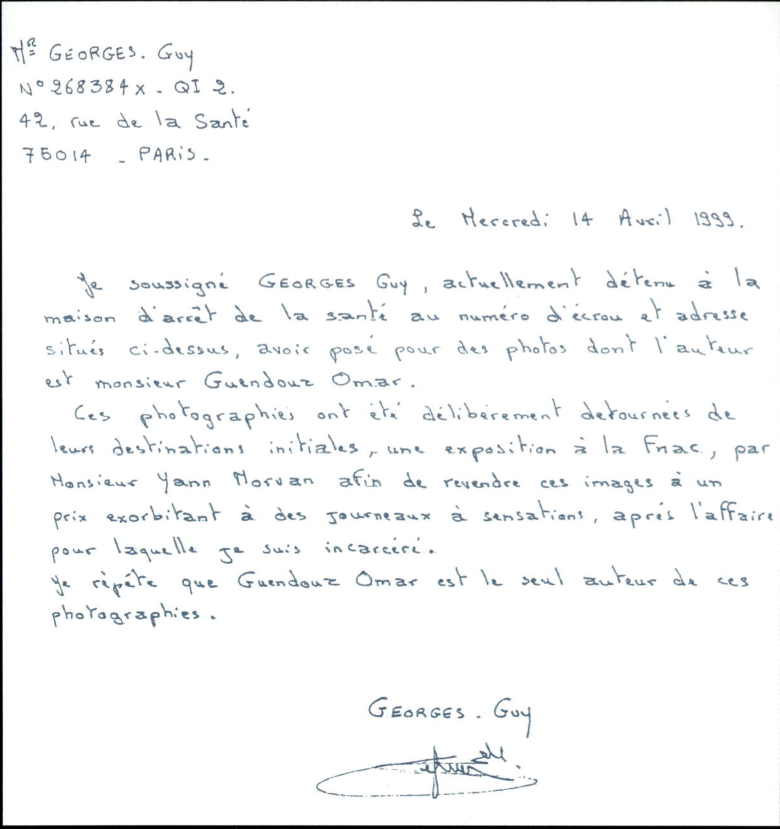

Mr GEORGES. Guy
N° 268384 X . QI 2.
42, rue de la Santé
75014 . PARIS.

Le Mercredi 14 Avril 1999.

Je soussigné GEORGES Guy, actuellement détenu à la maison d'arrêt de la santé au numéro d'écrou et adresse situés ci-dessus, avoir posé pour des photos dont l'auteur est monsieur Guendouz Omar.

Ces photographies ont été délibérement detournées de leurs destinations initiales, une exposition à la Fnac, par Monsieur Yann Morvan afin de revendre ces images à un prix exorbitant à des journeaux à sensations, après l'affaire pour laquelle je suis incarcéré.
Je répète que Guendouz Omar est le seul auteur de ces photographies.

GEORGES. Guy

**En haut** : Attestation faite par Guy Georges au photo-reporter Omar Guendouz
**En bas** : Guy Georges devant le squat de la rue Saint-Sauveur.

**Page de droite** : Facture de location d'armes factices pour un reportage "bidonné" pour la presse magazine réalisé en 1995 à l'époque des attentats parisiens et où Guy Georges a joué les figurants avec ses copains de squat.

OMAR GUENDOUZ

D.R.

BON D'ACHAT N° ____________ du ____________

Seul le bon de couleur verte engage la Société vis-à-vis des fournisseurs. Le bon saumon doit être joint à la facture établie en 3 exemplaires, et envoyée à l'adresse ci-contre. Celle-ci doit faire apparaître le prix H.T., le taux de la T.V.A. et le montant T.T.C. Les factures doivent comporter obligatoirement les numéros d'identification et de registre du commerce du fournisseur, ainsi que le mode libératoire.

SFP
SERVICE DES COSTUMES
36 rue des Alouettes 75935 Paris Cedex 19
Téléphone : 40.03.50.00 – Télécopie : 42.03.18.
S.A. au capital de 241.636.000 francs – R.C. 75

Lieu de livraison

Nom - Raison sociale et adresse du founisseur (1)

FRANCE COSTUMES.
FRANCE COSTUMES
ARMES

Location

Du 19/7/95 au 20/7/95

Bon transmit au fournisseur par (2) Sce Transport ☐ moi-même ☐ P et T ☐

Enlèvement par (2) : moi-même ☐ Livraison par fournisseur ☐

Rendu prévu le : par : moi-même ☐ Repris par fournisseur ☐

Service de production :

Centre de coût

Titre de la production : YAN MORVAN

Affaire N° :

| DESIGNATION | Valeur de remplacement | Prix de location | Rendu le |
|---|---|---|---|
| 3 AK47 (Factice) | 4000. | | |
| 3 chargeur AK47 | 4000 | | |
| 1 PM HK (Factice) | 2000. | | |
| 1 chargeur HK | 300. | | |
| 1 Fusil à pompe Winchester n° K 32 1937 | 3500 | | |
| 1 Fusil à pompe MF n° 97460 | 3500 | | |
| 1 Pistolet BRUN. n° 159/50 | 2500 | | |
| 1 Revolver MANURHIN. CAUTION ARMES 15000 F | 4000 | | |

(1) En lettres d'imprimerie (2) Cocher la mention utile

Pour tout renseignement concernant la commande s'adresser à

M. ____________ Tel ____________

TOTAL 115C H.T.

DEMANDEUR

D.R.

assises

Viol dans un parking à Nancy :
Dix ans
de réclusion criminelle

ER 6-7-85

Guy GEORGES à son arrivée au tribunal.
Photo Jacques GLORY

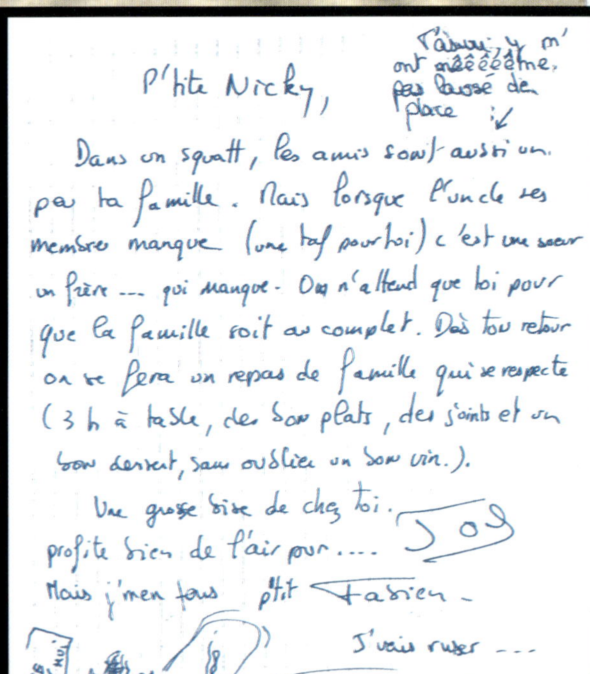

P'tite Nicky,

l'amour, y m' ont aéééééme, pas laissé de place

Dans un squatt, les amis sont aussi un peu ta famille. Mais lorsque l'un de ses membres manque (une taf pour toi) c'est une sœur un frère ... qui manque. On n'attend que toi pour que la famille soit au complet. Dès ton retour on se fera un repas de famille qui se respecte (3 h à table, des bons plats, des joints et un bon dessert, sans oublier un bon vin.).

Une grosse bise de chez toi.
profite bien de l'air pur.... Joe
Mais j'men fous p'tit Fabien -
J'vais ruser ...

**En haut** : Guy Georges, ivre, chez son pote Mazoot.
**À gauche** : Guy Georges fait la une de L'Est républicain en 1985 après sa condamnation par la cour d'assises de Nancy.
**Au centre** : Lettre de Guy Georges à son amie Nikita.
**Page de droite** : Les différentes physionomies de Guy Georges et une lettre à Edwige, sa "Petite sœur".

D.R.

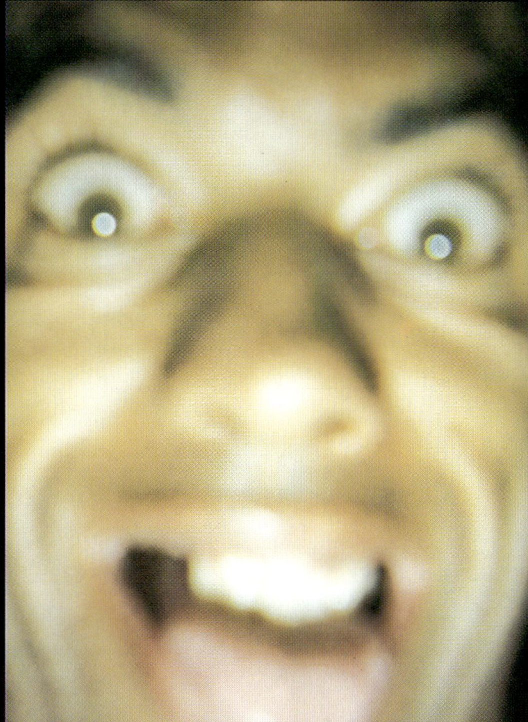

D.R.

Embrasses bien Mimi et Mimi, ceux qui m'ont écris la carte des Biscuits GEORGES, je ne sais pas pourquoi, je hais ce nom. Et puis toi comme d'hab... je te garde en dessert pour te refiler des gros bizouxxx bien baveux et chauds dans tes <u>étagères à mégots</u>. C'est du vieux argot, ça veut dire les oreilles. Milles baisers tendres pour ma p'tite sœur préférée. Je t'aime.

WAY

D.R.

DOCUMENTS EXCLUSIFS

# Curiculum Vitae

om : GEORGES

rémoms : Guy

urnoms : Joe - wam - warriorjoe -

ate de naissance : 15 octobre 1962 (36 ans bientôt)

eu de naissance : sur terre :-Nationalité : Terrien.

ille : Assez grand pour aller faire pipi tout seul

oids : Moyen

dresse : ça depend (souvent en taule)

éléphone : Toutes les cabines.

asier judiciaire : super lourd.

veau d'étude : sait lire, écrire et compter.

tuation familiale : Bof!!!

gne Astrologique : chinoise, heu!! tigre ou balance mais ce dernier n'est pas
eau quand on est taulard!!!

gne particulier : De beaux yeux, Tu sais!!!

ualités : Aucune } on fait ce que l'on peut.
éfaut : Aucun }

tuation : Taulard.

ntécédents : j'étais plus jeune

ojets : je serais plus vieux

périence professionnelle : Taulard.

orts effectués : Football, Tennis, Boxe anglaise, Natation, Athlétisme (sprint).

isirs préférés : Musiques (toutes), Fumette, Boire une bonne bière fraiche en
errasse l'été, la moto, voyages. marche à pied dans la forêt ou en
montagne.

maux préférés : Tous, mais une petite préférence pour le tigre.

SIGNATURE : WAM JOE

D.R.

C'est Joe
qu'à pas d'pot
qu'habite pas Pau
qu'est noir de peau
et qui boirait bien un pot!!!

Situé dans une rue commerçante, c'est un très beau bâtiment refait à neuf, mais vide car les propriétaires sont en procès d'indivision. Les appartements sont d'un très beau standing avec du parquet en bois neuf, des moulures au plafond, des salles de bains flambant neuves. Joe occupe un trés jolie trois pièces avec la télévision, une cuisine équipée, une chaine stéréo et même des rideaux confectionnés par Sandrine.

Dans cet univers de marginaux, le passé ne regarde que soi et chacun vit son histoire. Pour ces galériens de l'existence, seuls les mots démerde et discrétion ont un sens et une valeur. La perte des liens sociaux et familiaux qui caractérisent ces communautés sans autre projet qu'un lit pour dormir développe l'anonymat et le repli sur soi des individus.

Le squat sert également de lieu où s'organisent des réunions militantes dans lesquels on retrouve régulièrement Guy Georges. Il y parle peu, mais écoute beaucoup et retient des formules toutes faites sur l'exclusion et la crise pour les ressortir ensuite à sa sauce. Il se définit comme un anar, sans foi ni loi, ni dieu ni maître, se battant contre le racisme et les inégalités.

Avec Sandrine, Joe mène une vie quasi normale entre petits boulots, plans démerdes, fêtes et embrouilles. Interrogée sur ses relations avec le présumé « tueur de l'Est parisien », Sandrine se rappelle de l'homme qu'elle a aimé comme d'un garçon doux, pas violent et avec qui elle a eu des relations sexuelles normales et très classiques sans que Joe ne manifeste aucune attirance particulière.

Guy Georges est très tendre avec Sandrine qu'il entoure d'une affection protectrice. Ensemble, ils forment un vrai couple et on les voit toujours main dans la main. En mai, Sandrine annonce à Joe qu'elle est enceinte. Il aimerait bien garder l'enfant, mais Sandrine l'en dissuade : il est balayeur, elle n'a pas de travail et se trouve trop jeune pour s'occuper d'un bébé. Il n'insiste pas vraiment et Sandrine avorte au mois de juin. À partir de là, leurs rapports vont commencer à se dégrader et Joe va boire encore plus que d'habitude.

Dans le squat, Guy Georges apparaît calme, mais très méfiant, *toujours sur ses gardes,* nous précisera Mazoot, *comme s'il craignait quelque chose ou quelqu'un...* S'il se rend fréquemment dans l'un ou l'autre appartement du squat, peu de gens pénètrent chez lui, excepté pour voir les matchs de foot, car il est un des rares occupants à avoir la télé. Autre possession « luxueuse », une imposante chaîne hi-fi qu'il pousse à fond sur Bob Marley, et surtout Jimi Hendrix.

En juin 1994, Guy Georges travaille à la Ville de Paris au service de la voirie. Il balaie les rues dans le secteur Gambetta dans le XX^e^ arrondissement. C'est un copain de squat qui l'a mis sur ce plan. Très tôt le matin, il part avec son sac à dos, son Walkman poussé à fond, soudé aux oreilles. Il rentre vers 16 heures, se lave et boit une bière avec Sandrine. Vers 18 heures 30, il sort avec elle et l'invite au cinéma ou au restaurant. C'est un boulot de remplacement pour les trois mois d'été. Durant cette courte période, il touche un salaire régulier bien plus élevé qu'un

RMI comme c'est le cas pour la majorité de ses potes. Cette situation en fait l'un des hommes « riche » du squat. *Ce n'est pas l'éclate ce job, mais ça paye bien et je peux me payer ce que je veux* affirme-t-il.

Pour tout le monde, Joe sort d'une peine de prison de sept ans pour un hold-up qui a mal tourné. Durant le prétendu braquage, un policier aurait été gravement blessé. Dans ce milieu, cette peine de prison lui donne un statut d'homme respecté et craint, comme on craint un braqueur dans cet univers interlope. S'il avait avoué que le motif de son incarcération était le viol, il aurait sûrement été rejeté par la communauté du squat.

Lorsqu'il ne travaille pas, Guy Georges traîne avec un marginal surnommé « Marseille » et une bande de néo punks emmenée par Mazoot. Chacun a une tâche précise dans le squat. « Marseille » attribue les appartements aux nouveaux venus, Joe s'occupe de l'approvisionnement en bouffe et Mazoot de la boisson et de la défonce. « Marseille » a même dégotté une machine à laver dont il affecte l'usage aux habitants du squat avec la maniaquerie tatillonne du propriétaire.

Guy Georges et Sandrine mènent la belle vie et sortent beaucoup dans les autres squats de la capitale où sont organisées des fêtes dantesques où l'on boit et où l'on fume jusqu'à l'aube. Et lorsque la fête, trop déjantée, tourne mal, Guy Georges est le premier à s'éclipser en douce, refusant tout affrontement physique. Autant l'homme peut être violent et sans pitié lors des agressions de femmes pour lesquelles il a été condamné, autant il évite l'affrontement physique avec ses semblables. Bien que de nature violente, il n'aime ni la baston ni les coups, c'est pourquoi il n'a jamais opposé de résistance aux policiers lors de ses nombreuses interpellations. Paul H., un codétenu qui a bien connu Joe au centre de détention de Caen, confirme ce point : *Guy Georges est quelqu'un de peureux qui évitait toute forme de violence. Je me souviens d'un épisode où il avait été provoqué par des insultes d'un autre détenu et il n'avait pas répliqué. À cette occasion, il a fait preuve de lâcheté. À plusieurs reprises, il a montré cette peur de la violence et ce refus de l'affrontement.*

C'est à cette période, en 1994, qu'a lieu la rencontre entre Omar et Guy Georges. Omar réalise un photoreportage pour la presse et une exposition-fiction pour la FNAC, *L'Autre France,* consacré aux milieux marginaux, une mosaïque picturale mêlant photos posées et photos réalistes. Pour la réalisation de ses travaux, Omar est en contact avec des dealers de banlieue, des camés, des prostitués des deux sexes, des organisateurs de combats clandestins de chiens, des trafiquants d'armes, des SDF et toute une population d'exclus.

C'est « Marseille » qui présente Guy Georges à Omar. Le photo-reporter s'étonne de voir un mec calme, visiblement pas camé, qui lui parle de musique et des différentes causes pour lesquelles il milite. L'homme semble moins « destroy » que la plupart des habitants des squats qu'il a rencontrés et photographiés jusqu'alors. Il trouve le type agréable et intéressant, « un bon client » comme on les nomme dans le jargon journalistique.

Une fois Omar admis dans l'univers marginal des

squats, il faudra de temps en temps qu'il apporte de la bouffe.

Pour « Marseille » et Guy Georges qui servent d'entremetteurs, *c'est une baise de bons procédés* comme ils aiment le lancer à Omar pour le chambrer.

Omar et ses appareils photos sont rapidement acceptés dans le squat. Il se fait accompagner d'un photographe breton bedonnant pour la réalisation du reportage. « Marseille » règle les problèmes avec les autres habitants qui réclament de l'argent à Omar pour les photos qu'il réalise.

Un an plus tard, en juillet 1995, alors qu'Omar est en Turquie, le journaliste breton demande à Guy Georges de figurer dans un reportage « bidonné » pour la presse française et la télévision anglaise sur le terrorisme et la circulation des armes en banlieue. Opportuniste, et à l'insu d'Omar, ce photographe fait poser Guy Georges, l'air menaçant, en caïd des banlieues, brandissant des pistolets automatiques et autres kalachnikovs loués pour l'occasion à la SFP (Voir document en annexe).

*Lors de ces séances photo,* se souvient Adel, un des participants au « reportage », *Joe, qui aimait poser, se transformait. C'était un autre homme qui faisait peur. Mais pour moi, c'était un jeu, je n'imaginais pas qu'il puisse se comporter ainsi dans la réalité.* Pourtant, on retrouve dans ce comportement un élément fondamental de la personnalité de Guy Georges, le besoin d'affirmer son existence : de se montrer sous un jour qu'il juge favorable et positif. En s'affichant avec des armes, il acquiert une dimension supérieure, il n'est plus ce type ballotté par la vie, il a l'impression d'exister. Il se sent quelqu'un de puissant et de craint. Le présumé « tueur de l'Est parisien » échappe ainsi à sa réalité et vit intensément cette mascarade à laquelle il finit par croire. Et c'est sans doute ce sentiment de toute-puissance qui est un des éléments du processus le conduisant à commettre les meurtres épouvantables dont il est soupçonné.

Pour sa prestation, Guy Georges touchera mille francs par séance alors que le photographe breton revendra ces photos posées à plusieurs magazines français et étrangers, montrant Guy Georges paradant armes au poing, et ceci alors que les familles des victimes sont en deuil. Les photos seront revendues sept-cent cinquante fois plus lorsque l'identité du présumé tueur en série sera connue.

Après son arrestation, Guy Georges écrira à Edwige D. à propos de ces photos : *Au fait, petite sœur, tu te souviens de* Paris-Match *? Eh bien ce con de journaliste a fouillé ses poussières pour se refaire du blé sur mon dos. Ils ont acheté ces photos une fortune et ces photos ne sont que des mises en scène. Je connaissais le photographe qui m'offrait mille balles par photo. Je posais environ une demi-heure et pour moi, c'était bien payé, mais si j'avais su qu'il me bernait, je lui aurais cassé quelques dents.*

Tous ceux qui ont connu Guy Georges à cette époque et que nous avons interrogés se souviennent d'un type zen, discret, toujours prêt à filer un coup de main ou à dépanner quand il le pouvait. Même les matons du quartier d'isolement de la prison de la Santé où il est actuellement incarcéré, qui ont accepté de nous répondre avouent qu'ils le trouvent sympa et vont taper régulièrement le carton avec lui en sirotant un café.

Le squat de Guy Georges était toujours nickel et il hébergeait très facilement des mecs dans la dèche. C'est ainsi qu'il accueille Marthe L. et Adel, un jeune couple d'une vingtaine d'années. Marthe vend un journal de SDF et Adel vit de petits boulots mal payés, il est artiste clown de rue. Ils logent dans un petit hôtel minable vers La Chapelle et acceptent volontiers quand Guy Georges leur propose de les héberger. Marthe se rappelle que la vie à quatre dans ce trois-pièces était difficile car Joe et Sandrine passaient leurs journées à baiser. Ils criaient tellement que les autres habitants de l'immeuble s'en plaignaient à eux. On picolait beaucoup et on fumait du shit en permanence dans le squat. Quand il n'avait plus un rond, il faisait la cuisine pour les habitants du squat et bouffait chez les uns et les autres. Parfois, il disparaissait pendant plusieurs jours en affirmant qu'il descendait à Angers voir sa famille.

Tony, autre squatteur qui a bien connu Guy Georges rue Saint-Sauveur, se souvient d'un type réservé, toujours prêt à dépanner un copain dans la mouise. Ensemble, ils allaient souvent dans les Pyrénées voir des potes écolos qui organisaient des manifs contre le tunnel du Somport. Guy Georges s'était passionné pour la cause des ours et en parlait tout le temps.

Arcole C., l'hôtelier qui a sympathisé avec Guy Georges et qui l'a convaincu de se constituer prisonnier après son évasion de la prison de Caen en 1991, parle d'un garçon toujours parfaitement calme, n'ayant jamais un mot au-dessus de l'autre, serviable, prêt à faire une commission à l'autre bout de Paris. On lui aurait donné le bon Dieu sans confession. Comme beaucoup d'autres, il n'arrive pas à croire que ce soit le même homme qui a commis toutes ces horreurs.

Tous les témoignages que nous avons recueillis sur Guy Georges vont dans le même sens, comme si chacun avait été incapable de voir l'autre Guy Georges, Joe le Killer. Personne ne nous a parlé de manipulation à propos de Guy Georges, ni même de calcul ou de mensonge. Connaissant les détails de l'affaire, nous avons eu froid dans le dos à l'évocation du « chic type » Guy Georges.

Malgré ces témoignages qui présentent Guy Georges sous un jour favorable et qui donnent à penser qu'il a enfin trouvé un certain équilibre – une femme, un travail, des potes… – sa haine destructrice ne l'a jamais quitté.

Le 9 novembre 1994, après dix mois d'apparente accalmie, Guy Georges reprend la funeste série meurtrière qui lui est reprochée.

## 12.
## Retour vers l'horreur

Le 10 novembre 1994, le commissariat du XIII$^{e}$ arrondissement est prévenu de la découverte d'un corps de femme dans le parking d'un immeuble du boulevard Auguste-Blanqui.

La scène que découvrent les policiers les horrifie. Le corps d'Elsa B. baigne dans son sang à l'arrière de son véhicule. Cette scénographie d'où se dégage une terrible impression de violence sauvage n'est pas sans rappeler celle du meurtre de Catherine R. au début de l'année. C'est le frère d'Elsa, Bruno, qui l'a découverte dans l'après-midi du 10 novembre. Il refuse de croire ce que ses yeux voient. Ce ne peut pas être sa sœur qui gît ensanglantée, le pantalon baissé jusqu'aux chevilles. Bruno ouvre la porte arrière de la voiture d'Elsa et prononce à plusieurs reprises son prénom avec une terrible angoisse dans la gorge. Elsa porte de vilaines blessures à la base du cou et sur la poitrine. L'autopsie relèvera dix-sept coups de couteau.

Les enquêteurs relèvent que les portes du véhicule, une Peugeot 309, sont fermées mais non verrouillées. Le corps repose sur le ventre, à même le plancher du véhicule, entre la banquette arrière et les dossiers des sièges avant. Les jambes sont repliées au niveau des genoux, les pieds vers le haut. La main droite est recouverte de sang à hauteur du visage, les doigts en griffe.

Plus intéressant, la police scientifique découvre sur le tableau de bord la publicité d'un théâtre parisien sur laquelle elle identifie une goutte de sang assez ancienne ne provenant pas de la victime. Une empreinte génétique est réalisée à partir de ce mince indice qui, cruel paradoxe, « innocentera » momentanément Guy Georges de ce crime qu'il a ensuite avoué pour ensuite se rétracter.

Après son arrestation, le 26 mars 1998, le présumé tueur de « l'Est parisien » sera longuement interrogé sur ce meurtre par la police et par le juge Thiel. Il répond froidement aux enquêteurs que cela est possible, mais qu'il confond les meurtres qu'il a commis. Il attribue des éléments de certains de ses crimes à d'autres et fait preuve d'une grande confusion. Est-elle feinte ou réelle, lui seul le sait.

C'est ainsi qu'il fournit aux enquêteurs qui l'interrogent sur l'assassinat de Catherine R. les détails exacts du parking où a été retrouvé le corps d'Elsa B. Guy Georges se souvient parfaitement qu'il y avait une petite voiture garée à côté du véhicule de Catherine R. Ce n'était pas le cas, la voiture étant stationnée dans un box. En revanche, le véhicule d'Elsa était, lui, parqué à côté d'une Austin Mini.

Cette confusion est assez fréquente chez les meurtriers en série et seul le travail minutieux des enquêteurs peut reconstituer le macabre puzzle.

Les similitudes sont très grandes entre le meurtre de Catherine R. et celui d'Elsa B. Les deux femmes ont été violées puis tuées la nuit, dans un parking et à l'intérieur de leur voiture. Les vêtements d'Elsa, et notamment ses sous-vêtements, présentent les mêmes lacérations faites à l'aide d'un couteau afin de dégager la poitrine et l'entrejambe de la victime. C'est d'ailleurs cette particularité qui va intriguer les policiers et leur faire rapprocher ce meurtre de celui de Catherine R. Pour les inspecteurs de la brigade criminelle, tout le processus criminel est identique : le fait de dévêtir sa victime à l'aide d'une lame tranchante, dans les deux cas, ne semble pas être un hasard, de même que la découpe du pantalon, celle du tee-shirt et le sectionnement du soutien-gorge. Il est donc constaté un certain nombre de similitudes dans les deux affaires. Les policiers ont la certitude que le meurtrier de Catherine R. et d'Elsa B. est bien le même homme.

En Novembre 1998, quatre ans après les faits, ils reposent vingt fois, cent fois les mêmes questions, pointent du doigt les incohérences de son récit. Lorsqu'on lui présente les photos du corps mutilés d'Elsa étendu sur le plancher de son véhicule, il reconnaît la scène du meurtre de Catherine. Alors, les inspecteurs lui montrent les photos du corps de Catherine. La scène est tout aussi affreuse, mais les femmes sont différentes. Guy Georges ne sait plus, bafouille. À son tour, il a peur. Il se retrouve, lui le chasseur, le présumé tueur, dans la peau du gibier traqué. Il panique, s'embrouille et finit par craquer devant l'insoutenable des scènes qui lui sont présentées. Il passe des aveux après une énième présentation du corps meurtri d'Elsa. Effectivement, non seulement cela correspond à la description qu'il a donnée du meurtre de Catherine R., mais en voyant la photo de Catherine, cette image lui revient à l'esprit, cette photographie correspond bien à une agression qu'il reconnaît avoir commise. Pour lui, il s'agissait de l'affaire du XII$^{e}$ arrondissement, et il admet qu'il s'agit en fait de l'affaire du XII$^{e}$ et du corps d'Elsa B. Au vu de tous ces éléments, Guy Georges avoue qu'il est également l'auteur du meurtre d'Elsa B. Malheureusement, il n'a gardé que très peu de souvenirs de cette agression et ils se superposent avec ceux du meurtre de Catherine R.

C'est bien lui le meurtrier présumé d'Elsa B. et de Catherine R.. Les familles des deux jeunes femmes, malgré leurs souffrances, sont soulagées de connaître le responsable du malheur qui s'est abattu sur elles. Elles peuvent mettre enfin un nom et un visage sur l'homme qui a fait de leur vie un cauchemar quotidien.

Dans la soirée du mardi 8 novembre 1994, Elsa dîne avec Philippe, son petit ami, chez un couple de copains. Ils partent vers 23 heures. Elsa dépose Philippe et continue sa route malgré l'insistance du garçon pour qu'elle reste dormir chez lui. Philippe ne reverra plus Elsa. Elle allait avoir vingt-trois ans. Elsa travaille dans un bureau de presse, près de la Bibliothèque nationale et fait preuve d'une grande volonté pour réussir. Elle adore son job et veut devenir une attachée de presse renommée à l'image de sa patronne. Le « tueur de l'Est parisien » ne lui en laissera pas le temps.

Après avoir reconnu être l'auteur de ce crime, « Joe le Killer » plonge dans un mutisme total et refuse de détailler les circonstances de son geste aux flics de la crim'.

Le déroulement des faits doit être très similaire à celui qui a conduit à la mort de Catherine R. Le meutrier s'engouffre dans le parking à la suite du véhicule d'Elsa et l'agresse alors qu'elle sort de sa voiture. Le reste n'est qu'une succession de gestes criminels commis par un être froid dénué de la moindre compassion.

Outre les descriptions précises qu'il fournit sur les lieux et les détails qu'il donne, la manière de procéder porte la signature des crimes qui sont reprochés à Guy Georges : les vêtements lacérés au couteau pour découvrir la poitrine et le sexe de sa victime, le viol, la violence des coups portés à la poitrine et au cou pour donner la mort. Tous ces éléments désignent Guy Georges comme coupable présumé de cette agression meurtrière. L'arme qui a provoqué la mort est un couteau qui, selon les médecins légistes, a une lame d'environ quatorze centimètres. L'Opinel numéro 12 utilisé par Guy Georges dans plusieurs de ses meurtres présumés possède une lame de... douze centimètres et demi...

Il aura fallu son arrestation et la confirmation de son empreinte génétique dans trois meurtres et une agression pour que Guy Georges avoue les meurtres de Catherine R. et d'Elsa B. avant de se renier.

Pourtant, Guy Georges a été entendu pour ces deux affaires par les policiers de la brigade criminelle le 19 septembre 1995, alors qu'il était détenu à la maison d'arrêt de Fleury-Mérogis suite à une nouvelle agression commise sur Mélanie B. le 25 août 1995, affaire pour laquelle Guy Georges a été condamné à trente mois d'emprisonnement le 9 septembre 1995 par le tribunal correctionnel de Paris.

Dix mois après le meurtre d'Elsa B., Guy Georges est extrait de sa cellule et entendu par les inspecteurs de la PJ à la demande du juge Thiel. Guy Georges se soumet à une analyse sanguine pratiquée par le docteur Pascal, du Laboratoire de génétique moléculaire de Nantes, afin que soit établie son empreinte génétique. Hélas, l'ADN de Guy Georges, comparé à celui de la goutte de sang retrouvée dans la voiture d'Elsa B., est différent. Les interrogatoires sur les meurtres de Catherine R. et d'Elsa B. n'apportent aux enquêteurs aucun élément qui permettrait de confondre Guy Georges.

Si Guy Georges n'est pas démasqué par son empreinte génétique pour les meurtres de Catherine R. et d'Elsa B., on s'étonne qu'aucune audition ne soit faite concernant le meurtre d'Agnès N. perpétré le 9 décembre 1994 et qui présente, lui aussi, de grandes similitudes avec les meurtres de Catherine et Elsa. On n'interroge pas davantage Guy Georges sur l'agression d'Élisabeth O. commise le 16 juin 1995 ni sur le meurtre d'Hélène F. commis le 8 juillet 1995, pas plus que sur le meurtre de Pascale E. de janvier 1991.

La mauvaise coordination entre les différents groupes de la brigade criminelle, l'absence de fichier des empreintes génétiques, le manque de contrôle de la bonne exécution des mandats donnés à la brigade criminelle par les magistrats instructeurs des différentes affaires, tout ceci aboutit au paradoxe d'avoir le plus diabolique des criminels français sous les verrous et de ne pouvoir le confondre pour quatre meurtres. Cet incroyable raté fera quatre nouvelles victimes. Deux jeunes femmes y laisseront la vie et deux autres seront à jamais traumatisées.

Le seul mérite de ces interrogatoires de septembre 1995 aura été d'établir l'empreinte génétique de Guy Georges. Empreinte génétique qui permettra de le confondre avec certitude, après son arrestation, dans les meurtres d'Agnès N., d'Hélène F. et d'Estelle M. ainsi que dans l'agression d'Élisabeth O.

Guy Georges retrouve donc sa cellule sans être inquiété. S'il s'avère qu'il est bien le « tueur de l'Est parisien », quelle jubilation a été la sienne de passer ainsi entre les mailles de la police et de la justice. Lui, Joe le Killer, il les a bien eu ces « cons » de flics qui voulaient le faire avouer. Il a bien flippé un peu avec cette histoire d'empreintes génétiques à laquelle il n'a rien compris. *Les empreintes, je faisais vachement gaffe de ne pas en laisser traîner* dira-t-il aux flics qui l'ont interrogé en 1998.

On s'étonne qu'un homme qui reste plusieurs heures chez ses victimes sans prendre de grandes précautions ne laissent pas traîner derrière lui des empreintes digitales. A-t-on bien travaillé ? sont en droit de s'interroger les familles des victimes.

Et il faudra attendre mars 1998 pour mettre définitivement le fauve hors d'état de nuire.

## 13.
## LA FOLIE DE TUER

Après le meurtre d'Elsa B., son présumé troisième, le « tueur de l'Est parisien » a pris le goût de tuer pour satisfaire ses pulsions morbides. Cela devient pour lui une drogue, une drogue dure à laquelle il ne peut résister. Mais le veut-il vraiment ? Ce droit de vie et de mort qu'il s'est arrogé lui donne une véritable jouissance, un pouvoir incroyable qui le place au-dessus des autres hommes. Il tient sa vengeance sur cette vie qui ne l'a pas aimé.

Le 9 décembre 1994, soit un mois jour pour jour après le meurtre d'Elsa, le présumé meurtrier va violer et tuer de nouveau dans le XI^e arrondissement de Paris.

Ce soir-là, Guy Georges traîne du côté de Bastille. Il n'a pas un rond et arpente la rue de Lappe, entre dans les bars sans consommer, essayant peut-être de repérer une femme seule. Ses pas l'entraîne vers la rue de Charonne, il est un peu plus de 23 heures.

Quelques minutes plus tôt, Agnès N., une jeune décoratrice hollandaise de trente-deux ans, a quitté son amie

Sylvie G. avec qui elle suit des cours de dessin. Les deux jeunes femmes se sont dit au revoir devant *Le Petit Caporal* où elles venaient de boire un verre. Agnès embrasse son amie et regagne son domicile en empruntant la rue de Lappe. Sans le savoir, elle dépasse son assassin qui lui emboîte instantanément le pas. Les terribles « flashs » du tueur lui ont désigné sa proie. Il lui faut de l'argent et aussi assouvir son besoin de tuer. Il ne voit plus qu'elle dans la foule des badauds de la nuit. Une puissante intuition lui indique qu'il ne s'agit pas d'une femme de passage dans le quartier. Il sent confusément qu'elle y habite. Son instinct ne le trompera pas.

Agnès doit repasser chez elle. Son concubin, Claude M., doit l'appeler pour lui donner le nom du restaurant du quartier où ils doivent se retrouver avec leurs amis.

L'homme n'est plus qu'à une dizaine de mètres derrière elle. Dans ce quartier animé où déambule toute une faune noctambule, Agnès ne manifeste aucun signe d'inquiétude et s'engage sans crainte dans l'impasse La Cour-de-l'Étoile-d'Or, au 75 de la rue du Faubourg-Saint-Antoine. C'est dans cette impasse d'une quarantaine de mètres qu'Agnès et son compagnon ont trouvé l'appartement duplex dont ils rêvaient et qu'Agnès a aménagé avec beaucoup de goût et de talent.

La Cour-de-l'Étoile-d'Or est une impasse pavée du vieux Paris comportant quatre immeubles brinquebalants, des ateliers et des garages. Cette impasse ouverte sur la rue est le repères des toxicos qui viennent planquer leurs doses ou faire leur fix[1]. Agnès prend sans doute

1. piqûre pour les drogués.

l'homme pour un junky[1] et pénètre dans l'entrée de son immeuble sans même se retourner. Le digicode, pour la énième fois, ne fonctionne pas. C'est un jeu d'enfant pour le « tueur de l'Est parisien » de pénétrer à la suite d'Agnès et d'écouter les bruits dans l'escalier pour repérer l'étage où elle se rend. Sans bruit, il monte au troisième étage et écoute derrière la seule porte où filtre de la lumière.

Très distinctement, il entend Agnès au téléphone. C'est l'ami d'Agnès au bout du fil qui lui indique le nom et l'adresse du restaurant où il l'attend. Agnès raccroche et ressort aussitôt de l'appartement.

C'est le couteau brandi de l'agresseur qui l'arrête et la repousse dans la pièce. Agnès ne crie pas, n'émet pas un son. Elle pense avoir affaire à un camé en manque qui la braque pour du fric. Elle a peur, mais n'est pas terrorisée. Elle ne peut pas imaginer qu'elle va mourir.

Le tueur ne parle pas. Il fixe sa victime d'un regard exalté. Très vite, ses yeux ont fait le tour de la pièce et repéré les lieux. Il fait monter Agnès à l'étage du duplex et la pousse sur le lit. Avant même que la jeune femme ait pu réagir, elle se trouve bâillonnée de plusieurs tours de sparadrap. Les choses se sont passées si vite qu'Agnès est incapable de se défendre. Campé au-dessus d'elle, l'assassin exulte. Il domine cette femme qu'il sait qu'il va tuer, même s'il déclarera plus tard qu'il ne sait pas ce qui l'a poussé à tuer cette femme. Elle n'a pourtant pas crié, elle ne l'a pas frappé, elle n'a pas essayé de s'enfuir.

Mais avant de la tuer, le meurtrier va la violer pour la contraindre plus encore.

1. Héroïnomane.

Comme pour ses précédentes victimes, il va dénuder Agnès avec son couteau, lacérant soutien-gorge, collant et slip. Sans retenue, il va jouir du corps sans défense.

Puis il frappe la jeune femme de quatre coups de couteau au niveau du cou avec une incroyable violence, deux du côté droit, deux du côté gauche. Agnès meurt sous le regard indifférent de son meurtrier.

Le présumé « tueur de l'Est parisien » commence à fouiller l'appartement lorsque s'enclenche le répondeur. C'est Claude M. qui s'inquiète de ne pas voir arriver sa compagne et lui rappelle l'adresse du restaurant qui se trouve à deux pas.

Le meurtrier sait qu'il lui reste très peu de temps. Il a senti l'inquiétude dans la voix de l'homme et sait qu'il ne va plus tarder. Il doit partir. Fébrilement, il renverse le contenu du sac d'Agnès et empoche sa carte bancaire, son permis de séjour, son passeport néerlandais, son permis de conduire et un peu de liquide. Il fouille nerveusement les meubles de l'appartement, mais repart sans rien emporter d'encombrant.

Lorsque Claude M. arrive à l'appartement peu de temps après, il est saisi d'horreur. La femme qu'il aime gît ensanglantée sur le dos au milieu du lit, le visage bâillonnée. Claude ne veut pas croire qu'il est trop tard, il coupe le sparadrap à l'aide de ciseaux et tente en vain de ranimer Agnès. Effondré et détruit, Claude appelle les secours.

L'autopsie du corps d'Agnès met en évidence l'absence de signes caractéristiques de lutte. Agnès a sans doute cru que l'homme lui laisserait la vie sauve après avoir obtenu ce qu'il souhaitait. Mais plus que le plaisir sexuel, c'est l'élimination physique qui semble être le moteur des agissements du tueur. Ce droit de vie et de mort qu'il s'arroge.

Les premiers prélèvements pratiqués sur le corps d'Agnès permettent de déceler des traces de sperme qui sont aussitôt confiées au laboratoire d'analyses génétiques de Nantes. Le labo identifie un ADN inconnu numéro 1. C'est cet ADN inconnu numéro 1 qui sera comparé ultérieurement à l'ADN retrouvé sur le corps d'Hélène F. et sur celui extrait du mégot de cigarette trouvé au domicile d'Élisabeth O. Il est en tout point conforme à l'ADN de Guy Georges établi par la prise de sang à laquelle il a été soumis dans l'enquête sur les meurtres de Catherine R. et d'Elsa B.

Mais, hélas, cette constatation ne sera faite qu'en mars 1998, plus de trois ans plus tard et après trois autres meurtres et quatre agressions.

## 14.
## L'ENGRENAGE DU MAL

En mars 1995 après la fermeture du squat de la rue Didot à la faveur une intervention musclée de la police, Guy Georges va vivre quelques mois chez la mère de Sandrine, Micheline S., rue du Théâtre, dans le XVe arrondissement. Il est de plus en plus tendu et agressif. Il n'a pas supporté l'avortement de Sandrine. Lui si tendre avec elle d'habitude l'a même frappée violemment au visage un soir où il avait trop bu et s'en est pris à elle. Il alterne des moments de profonde déprime avec des périodes d'intense exaltation où il projette d'aller s'installer en Charente ou dans les Pyrénées. Il ne supporte pas la promiscuité de l'appartement et moins encore les quelques règles que la mère de Sandrine a fixées.

Pour échapper à l'univers confiné de la rue du Théâtre, Guy Georges quitte fréquemment Paris pour retourner à Angers. Il retourne plusieurs fois seul à Amsterdam où il s'est déjà rendu auparavant. Joe passe une dizaine de jours chez des potes. Il écume les *cofee-shops* du Dam où il passe des nuits à fumer et à arpenter les rues qui bordent les canaux du centre-ville. Guy Georges parle très peu de ses séjours néerlandais, tout au plus les évoque-t-il rapidement sans s'apesantir. Y aurait-il des choses à cacher là-bas ?

Il se rend aussi, fréquemment à Angoulême, où se sont installés des copains de galère, dans les Pyrénées pour voir ses *potes aux ours*, militants écologistes qui vivent en communauté. Pour voyager, Guy Georges prend le TGV en première classe. Durant cette période, il est contrôlé une dizaine de fois sans billet, mais il se fout de l'amende comme de sa première condamnation.

C'est ainsi qu'il emmène Sandrine à Chinon en mars 1995. Le couple va de plus en plus mal et Guy Georges pense qu'un séjour à la campagne, loin de sa mère, fera du bien à Sandrine. Joe a un point de chute à Chinon, chez son frère de lait Laurent Morin, qu'il a revu en 1993 à Paris. Guy Georges est heureux de revoir son frère préféré, celui avec qui il aimait chasser dans les bois de La Pellerine. À Chinon, il retrouve également une sœur de lait, Chrystelle, et un neveu, Arnaud. Si les retrouvailles sont chaleureuses, elles ne durent pas. Après avoir assisté à un match de rugby à Chinon, Laurent et lui partent faire le tour des bars de la ville. Le soir, Guy Georges emmène tout le monde en boîte pour fêter l'événement. Mais la fête tourne court lorsque sa sœur évoque les années chez les Morin et les deux agressions commises sur Roselyne et Christiane Derouineau. À la seule évocation de ce prénom, Joe blêmit. Il serre douloureusement ses poings et tente d'endiguer la haine qui monte inexorablement en lui. Sandrine, puis Arnaud tentent de le calmer, mais Guy Georges est déjà trop loin. Il quitte la boîte de nuit et retourne à la voiture de Chrystelle. Là, toute sa violence s'exprime et il défonce le pare-brise de la voiture à coups de poing furieux. Laurent essaye de raisonner son frère de lait, mais les deux hommes s'engagent dans une furieuse bagarre. Lorsque Sandrine arrive enfin à maîtriser Joe, il a les mains en sang, les yeux dilatés et le regard fixe d'un fauve. Sandrine ne l'a jamais vu ainsi. Elle a peur de lui. Le lendemain, Laurent lui demande de partir et de ne jamais revenir à Chinon. Guy Georges se fait une fois de plus rejeter alors qu'il se faisait une joie de renouer avec sa seule famille. Christiane, cette « sœur » détestée, est encore là, à distance, pour lui rappeler sa condition et sa différence. Il lui est inconcevable de penser qu'il est seul responsable de ce rejet. Son sentiment de haine à l'égard de la terre entière en est encore fortifié.

Sur le trajet du retour, il n'adresse pas la parole à Sandrine. Il rumine sa rage dans son coin et pense peut-être déjà à sa prochaine victime.

Ses rapports avec Sandrine sont devenus si conflictuels qu'ils se séparent en avril 1995. Guy Georges est très affecté par cette rupture qui le conforte dans un sentiment d'exclusion. Il n'est pas comme les autres, qui le rejettent, et le bonheur lui est interdit. Sa haine de l'autre, et plus encore des femmes atteint son paroxysme. Guy Georges replonge alors avec violence dans la défonce et l'alcool. Il repart traîner dans le quartier des Halles et renoue plus que jamais avec la marginalité.

C'est en mai, à la fontaine des Saints-Innocents, près

du Forum des Halles, qu'il revoit Mazoot, son ancien pote du squat de la rue Didot, celui qui l'avait accueilli et installé avec Sandrine. Les deux hommes fêtent leurs retrouvailles à coups de joints et de *Bavaria*, la bibine des paumés. Plus tard dans la nuit, alors qu'ils sont ivres et défoncés, Mazoot lui propose de venir dormir dans son squat de la rue Saint-Sauveur où, affirme-t-il, il peut lui dégoter une piaule s'il souhaite s'y installer et s'il n'est pas trop regardant sur le confort et l'hygiène. Guy Georges s'en fout, il accepte. Qui pourra bien venir le chercher dans un squat pourri ?

Pour entrer dans l'immeuble, il faut soulever une clenche dissimulée, seuls les initiés en connaissent l'existence et peuvent ainsi accéder au squat. Mazoot guide Joe dans des couloirs interminables mal éclairés, jonchés de détritus. Composé de minuscules studios, le squat est très vite devenu un repaire de déracinés de tous âges et de toutes cultures où la vie en communauté est très difficile. Ici, seul le système démerde a cours et il ne faut pas trop compter sur les autres. L'endroit plaît à Guy Georges. Il y retrouve un univers qui lui ressemble. Tout y est sombre, seule la cuisine commune bénéficie de l'électricité piratée sur l'immeuble voisin. Dès le lendemain, Joe récupère une chambre au dernier étage et devient très vite une personnalité de l'endroit à qui l'on doit montrer patte blanche si on veut y pénétrer. Dans cette citadelle au cœur de Paris offre un décor de guerre : gravats, matelas défoncé dans les couloirs, tags militants sur les murs..., une odeur tenace, mélange de mauvaise bouffe, d'urine et de renfermé prend à la gorge dès l'entrée. Il faut vraiment être blindé ou n'avoir aucune autre solution pour vivre dans ces conditions. Dans cet univers interlope et anarchisant, tous ont un passé chaotique et personne n'interroge personne.

Guy Georges émerge généralement de sa torpeur alcoolique vers cinq heure de l'après-midi puis disparaît pour ne réapparaître qu'aux petites heures du jour. Pour les habitants du squat, plus jeunes que Guy Georges pour la plupart, il passe pour un révolutionnaire, défenseur des sans-abri et pourfendeur de la bourgeoisie qui les opprime. Il leur tient des discours à l'emporte-pièce où se mélangent des thèses anarchistes mal comprises, des revendications sociales, des slogans antiracistes et une vénération pour Mesrine. C'est à cette époque qu'il pose pour une photo sur laquelle il brandit son majeur vers le haut dans un geste obscène. Cette photo sera utilisée pour une parodie d'affiche électorale avec la mention : « Mai 95. Votez pour moi » selon Yves-Michel D., son ami psychiatre. Son envie d'être vu et reconnu le conduit à être présent sur tous les fronts de la contestation sociale, notamment autour des sans-papiers et des exclus du logement. Il participe activement aux assemblées du squat qui tentent d'établir quelques règles de vie commune dans cet immeuble déprimant où les conditions d'existence sont dures et pénibles. Guy Georges se rend vite indispensable au squat, arbitrant les litiges entre les occupants, donnant un coup de main pour des travaux destinés à améliorer la vie du squat.

Ses discours incohérents, mais emplis de formules chocs, séduisent ses copains de galère. Nikita, la petite amie de Mazoot, se souvient du Joe de cette période qu'elle décrit comme *un type toujours défoncé au teusch* [1] *et à la bière, ce qui le rendait totalement cool. Il ne s'énervait jamais, nous écoutait et nous faisait la morale en nous disant de ne pas faire les cons car ça coûtait très cher. Pour nous, c'était un peu comme un grand frère. Il parlait très bien et possédait un vocabulaire que nous n'avions pas. Il nous parlait souvent de la société qui était pourrie et qui ne voulait pas de types comme nous. Mais, disait-il, pour faire exploser cette société, il fallait s'unir, car tout seuls, nous serons toujours baisés par le système. Question nana, il n'avait pas l'air d'avoir de problèmes, il couchait avec les meufs du squat ou avec des paumées qu'il ramassait aux Halles et hébergeait quelque temps.*

C'est au squat de la rue Saint-Sauveur que Guy Georges va faire la connaissance d'Edwige, celle qu'il appelle sa « p'tite sœur ». Très vite, ils sont surnommés les Bonnie and Clyde des supermarchés tant leur dextérité pour le vol à l'étalage est grande. À eux deux, ils assurent les fêtes du squat en dérobant victuailles et boissons pour une trentaine de personnes.

Après deux mois de défonce, Guy Georges n'a plus un sou en poche. Il déteste faire la manche et encore plus taper ces copains. Il revoit son frère de lait Dominique sans résultat. C'est sans doute une des raison qui lui font accepter la proposition du photographe breton bedonnant pour poser dans un reportage « bidon ». Sur ces photos, Guy Georges est présenté comme gardien de squat à Nanterre où il n'a pourtant jamais mis les pieds. Cette même photo sera réutilisée en présentant Guy Georges

1. Haschisch.

dans le squat de la rue Saint-Sauveur. Les « fournisseurs officiels de fantasmes » ne reculent devant rien. Raphi, un copain du squat, se souvient de cette mise en scène comme si elle avait eu lieu hier : *Guy Georges s'en foutait des photos, le plus important était d'avoir de la thune. Le plus surprenant est qu'il n'a jamais manifesté la moindre appréhension à poser, bien au contraire. Rien ne semblait l'inquiéter et on ne pouvait imaginer à le voir détendu et souriant qu'il pouvait avoir commis de tels crimes.* Inconscience ou provocation ?

Le 30 juin 1995, Guy Georges fait une demande à la Mairie de Paris pour un emploi d'éboueur. Sa candidature est retenue et le 15 août il bénéficie d'un contrat emploi-solidarité à temps partiel pour une durée d'un an. Guy Georges retrouve le dépôt du XXe arrondissement où il avait travaillé trois mois en 1994.

Mais l'envie de se venger de sa *vie de merde* taraude toujours Guy Georges.

Dans la nuit 15 au 16 juin 1995, Élisabeth O., une jeune femme de vingt-trois ans, psychomotricienne en milieu hospitalier, passe la soirée avec son ami, Yves G., au restaurant *Tapas Lopas*, un restaurant branché de la rue de Lappe. La soirée est très gaie. Élisabeth et Yves décident de continuer la fête au *What's up*, rue Daval, après être repassés au domicile d'Élisabeth. Vers une heure du matin, Élisabeth rentre seule chez elle. Elle ne remarque pas l'homme embusqué qui épie ses moindres gestes lorsqu'elle pousse la porte d'entrée sans code de son immeuble. Le « tueur de l'Est parisien » est là, à quelques mètres d'elle, et attend le moment propice pour porter son attaque. Dans ses yeux de fauve brille une lueur criminelle.

C'est sans appréhension qu'Élisabeth traverse le hall avant d'entrer dans la cour intérieure où se trouve l'entrée qui mène à son duplex. La pièce principale est au premier étage et la chambre à coucher donne sur la cour intérieure.

C'est au moment où elle introduit sa clé dans la serrure qu'elle entend la porte du rez-de-chaussée se refermer puis des pas précipités dans l'escalier qui mène à son appartement. Tout s'enchaîne alors très vite. À peine Élisabeth se retourne-t-elle qu'elle fait face à un homme de forte corpulence, le crâne rasé, vêtu d'un jean et d'un bombers bordeaux qui pointe un imposant couteau de boucher sur son visage. Élisabeth est paniquée, l'homme a l'air déterminé. Elle le fixe sans comprendre vraiment ce qui arrive, incapable de réagir et de crier pour demander de l'aide. Le tueur sait qu'il a pris l'ascendant sur sa victime. Il jubile intérieurement et, sans la moindre trace d'émotion dans la voix, il ordonne à Élisabeth de se taire et d'entrer dans son appartement. Pour rassurer sa victime, l'homme lui promet qu'il ne lui fera aucun mal si elle fait tout ce qu'il lui demande. Dès qu'il est à l'intérieur, il verrouille la porte d'entrée et observe les lieux. Élisabeth est face à lui, groggy, incrédule. Tout s'est passé si vite. Devant sa pâleur qui peut être signe de danger pour lui, le présupmé « tueur de l'Est parisien » parle calmement et lui raconte qu'il est en cavale, qu'il n'a plus rien à perdre et qu'il veut juste dormir chez elle pour récupérer. Il prétend qu'il attend le matin pour fuir à l'étranger. Par souci de discrétion, lui explique-t-il, il entraîne Élisabeth dans la chambre, toujours sous la menace de son arme. Arrivé dans la pièce, l'agresseur se détend. Élisabeth est à cran, elle lui demande l'autorisation de fumer. Il lui répond que c'est une bonne idée et sort une clope de son paquet. C'est cette cigarette et l'empreinte génétique que l'on arrivera à isoler sur le mégot qui permettra de le confondre pour cette agression.

Tout en fumant, l'homme observe sa victime. Il lui demande son prénom. *Élisabeth* dit-elle dans un souffle. Elle pose à son tour la même question à son bourreau. *T'as qu'à m'appeler Éric*, lui répond-il avec un sourire. Élisabeth lui fait remarquer qu'il n'a pas la tête à s'appeler Éric. *Alors, appelle-moi Flo*, se contente-t-il de dire.

Élisabeth remarque que l'homme n'a pas le parler caractéristique des cités, il parle un bon français, sans accent. Puis il demande à Élisabeth de s'allonger pour l'attacher afin qu'il puisse dormir tranquillement. En état de choc, Élisabeth s'agenouille sans discuter sur son lit et tend ses mains derrière son dos. Le présumé « tueur de l'Est parisien » la ligote et la bâillonne avec le chatterton qui ne le quitte jamais. Tranquillisé, il s'allonge à ses côtés et lui parle pour l'apaiser. Après plusieurs minutes silencieuses, il monte à l'étage pour, dit-il à Élisabeth, éteindre la lumière. Intuitivement, Élisabeth sait que, si elle veut échapper à son agresseur, elle doit se détacher et fuir par la fenêtre donnant sur la cour. Son instinct de survie décuple ses forces. Elle arrive à dégager ses mains et se précipite sur la fenêtre, toujours bâillonnée. Son cœur bat à tout rompre car elle entend les pas de son agresseur qui, alerté par le bruit de la fenêtre ouverte précipitamment, revient vers la chambre. Portée par la peur, Élisabeth enjambe l'appui de la fenêtre, saute et se met à courir de toutes ses forces dans la cour, puis le hall et, enfin, la rue. Il est plus de minuit et la rue est déserte. Élisabeth court comme une somnambule, elle ne sent pas ses jambes et veut mettre le plus de distance possible entre elle et son agresseur. Sous le porche, elle l'a entendu hurler son nom d'un ton impérieux et inquiet. Après deux cents mètres de course éperdue, Élisabeth s'engouffre dans le bar *Martini* qui est en train de fermer. Lorsque le patron voit cette femme paniquée entrer chez lui, il comprend qu'il se passe quelque chose d'anormal. Hors d'haleine, Élisabeth raconte l'agression et demande à appeler la police. Daniel P., un des habitués du *Martini*, nous a raconté la scène : *La fille avait l'air morte de trouille, elle suffoquait en parlant et répétait qu'un type était chez elle et voulait la tuer avec un couteau. On a réussi à la calmer et on a appelé les flics.*

Le tueur réalise que sa victime lui a échappé, il fait rapidement le tour de l'appartement et s'empare du sac d'Élisabeth, puis ressort comme il est entré et regagne la rue d'un pas tranquille. Dans une rue voisine, il fait l'inventaire du sac puis l'abandonne.

Lorsque la police revient avec Élisabeth dans l'appartement une dizaine de minutes plus tard, la porte est refermée et ne présente aucune trace d'effraction ni d'empreintes. Élisabeth constate la disparition de son sac et de quelques affaires. Elle est profondément choquée et a du mal à donner des détails aux enquêteurs. Assez curieusement, les policiers prennent cette agression très au sérieux et décident d'approfondir leurs investigations alors que cette affaire aurait pu, comme bien d'autres de ce type, être classée sans suite. À cette époque, la police ne sait toujours pas qu'elle a affaire à un même homme pour les crimes non résolus de jeunes femmes à Paris. Néanmoins, le film de l'agression, le couteau, le bâillon et les mains attachées, cela leur rappelle quelque chose...

Dans l'appartement, les enquêteurs trouvent dans la pièce principale un cendrier contenant quatre mégots et un autre dans la chambre avec neuf mégots de cigarettes blondes. Grâce aux indications d'Élisabeth, les enquêteurs savent qu'au moins deux cigarettes ont été fumées par l'agresseur. À partir des marques de cigarettes qui sont identifiées et des précisions d'Élisabeth, ils savent que les Winston sont celles fumées par l'agresseur. Les enquêteurs analysent également les morceaux de chatterton qu'ils trouvent sur les lieux.

Interrogée dans les locaux de la police, Élisabeth décrit son agresseur : un homme foncé comme un Indou d'environ vingt-cinq ans parlant un français sans accent, athlétique, avec des cheveux noirs rasés, des sourcils broussailleux, les traits fins, le visage ovale, vêtu d'un bombers bordeaux, d'un jean et de baskets montantes. Il avait, affirme-t-elle, des yeux métalliques, un cou de taureau avec une lanière de cuir autour.

Un premier portrait-robot est établi dans le bureau numéro 20 du quai des Orfèvres, bien loin de ressembler à Guy Georges, l'agresseur présumé. L'homme représenté est un nord-africain de vingt-cinq trente ans, de carrure imposante, d'environ 1,75 mètre et d'un poids estimé à quatre-vingt kilos. Selon Élisabeth, l'homme n'a pas la tête d'un tueur et présente bien. Il ne lui a pas semblé drogué, mais exalté et inquiet. Élisabeth indique également aux policiers les deux prénoms donnés par son agresseur, Éric puis Flo.

Comment Élisabeth O. a-t-elle pu confondre un type négroïde avec un type nord-africain ? Est-ce la panique qui s'est emparée d'elle et a altéré ses souvenirs ? Ou les policiers ont-ils inconsciemment incité la jeune femme à reconnaître un Nord-Africain en lui proposant en rafale différents types de faciès et en insistant plus particulièrement sur l'un d'entre eux ? Cette confusion est pourtant lourde de conséquences car elle va conditionner la police à se focaliser sur un type bien précis de suspect au détriment d'un autre.

Interrogé sur cette confusion, un enquêteur de l'Identité judiciaire déclarera au Nouvel observateur : *Élisabeth ne s'est guère trompée. Cependant, les portraits-robots établis d'après les souvenirs d'un unique témoin se révèlent rarement d'une grande efficacité. Celui-ci a été dressé avec la police il y a trois ans, en 1995. C'est pourquoi il ressemble peu à l'individu intercepté la semaine dernière. Mais il reste en revanche très proche des photos du suspect datant de 1995. À cette époque, Guy Georges pesait dix kilos de moins, il ne portait pas de barbe. Son nez n'avait pas encore été déformé par un accident de scooter. Élisabeth pensait que son agresseur était d'origine maghrébine. En réalité, c'est un métis antillais. Sur ce point, il y a eu erreur. Mais il est normal qu'un témoin choqué retienne certains détails et en omette d'autres.*

Pourtant, un autre témoignage aurait dû inciter la police à plus de prudence quant à l'appartenance ethnique de l'agresseur.

Cette nuit-là, durant sa fuite dans la rue des Tournelles, Élisabeth a croisé Jacky R., un SDF qui avait pris l'habitude de dormir dans le hall de son immeuble et qui, ce soir-là, rentrait retrouver son coin. Il a vu brièvement l'agresseur de la jeune femme. La police l'interroge. Jacky, qui traîne toujours aujourd'hui dans le quartier et que nous avons pu interroger, se souvient de cette nuit comme si elle s'était déroulée hier. *Il devait être vers les minuit et demi quand j'ai vu courir la môme de l'immeuble où je pionçais à l'époque. C'était une chouette fille qui me refilait une pièce de temps en temps et qui me disait bonjour chaque fois que je la voyais. Ce soir-là, elle courait comme si elle avait vu le diable. À la vitesse à laquelle elle courait, j'ai compris qu'il y avait un lézard. Environ trente mètres avant l'entrée de l'immeuble, j'ai vu un type sortir calmement et marcher dans la direction opposée à celle de la fille. Le type s'est retourné deux ou trois fois et j'ai pu voir son visage. Le type était râblé, pas très grand, mais très baraqué. Il m'a semblé métissé, mais pas arabe. J'ai dit tout ça à la police et je n'ai plus jamais été entendu pour cette affaire.*

Quelques jours après l'agression d'Élisabeth, les conclusions de l'expertise génétique pratiquée sur le mégot de cigarette tombent : l'ADN extrait du mégot de cigarette est caractérisé et comparé à l'ADN masculin inconnu identifié dans le meurtre d'Agnès N. Les deux ADN sont identiques. Le groupe sanguin de l'ADN inconnu est le groupe B.

Jackpot ! Les policiers tiennent le début d'une piste.

Après son arrestation en mars 1998, Guy Georges déclare cyniquement à la police qui lui demande s'il reconnaît sa victime : *Pareil que les autres, je ne la reconnais pas, mais ça doit être elle*. Et lorsqu'on lui présente les photos de l'appartement d'Élisabeth, il répond : *Je ne me souviens pas de tout, mais les escalier par exemple, je m'en souviens bien.* Enfin, quand les policiers l'interroge sur ses intentions vis-à-vis de sa victime, Guy Georges affirme qu'il aurait probablement réservé le même sort à cette fillequ'il a réservé aux autres si elle ne s'était pas enfuie.

Élisabeth est une femme volontaire et courageuse. Elle va très étroitement collaborer avec la police après le meurtre d'Hélène F., le 8 juillet 1995, moins d'un mois après son agression. La police, qui commence à penser qu'elle à affaire à un tueur en série, équipe Élisabeth d'un bip par lequel on lui demande de se rendre dans les commissariats de la capitale pour identifier des suspects qui viennent d'être arrêtés. La police lui présentera plus de deux mille cinq cent photos de suspects qu'elle étudiera avec minutie, consciente de son rôle clé dans l'identification du meurtrier. La photo de Guy Georges lui sera pourtant présentée à plusieurs reprises, mais elle n'y reconnaîtra pas son agresseur. Plusieurs nuits, elle accompagnera les policiers dans leur ronde autour de la Bastille dans l'espoir d'identifier le tueur. Élisabeth est épuisée, elle ne pense plus qu'à ça. Ses nuits sont peuplées de cauchemars dans lesquels elle revit son agression à l'infini. À l'été 1996, pour oublier et se reposer de son harassante collaboration avec la police, Élisabeth part en vacances en Grèce se refaire une santé morale et physique. Malgré le soutien de sa famille et de ses amis, le cœur n'y est pas et pour cause. Son esprit est en permanence mobilisé. Est-ce pour cette raison qu'elle se fracasse sur des rochers avec sa planche à voile ? Élisabeth aujourd'hui ne marche plus, elle est tétraplégique. Le présumé « tueur de l'Est parisien » n'y est pas totalement étranger.

Si Guy Georges est reconnu comme étant cet homme, comment pourra-t-il regarder Élisabeth O. le jour du procès ? lui qui affirme aux experts qui l'ont interrogé en prison : *Que voulez que je dise aux familles des victimes, puisque leurs filles sont mortes ou handicapées ?*

# 15.

## « HÉLÈNE-SOLEIL »

Après son agression manquée sur Élisabeth O., Guy Georges regagne son squat de la rue Saint-Sauveur. Cette nuit-là, il n'a pu tuer et le manque s'installe en lui, le rendant nerveux et agressif, tel un drogué.

Mazoot se souvient de cette période : *En juin et juillet 1995, j'étais tous les jours au squat de la rue Saint-Sauveur. Je me souviens qu'à cette période Guy Georges était super agressif, ce qui ne lui ressemblait pas. Il s'engueulait à tous propos avec le Marseillais, mais ils se réconciliaient à grands coups de bière et de zique. Joe buvait beaucoup et hurlait sur tout et n'importe quoi.*

*Joe était très nerveux, il s'engueulait avec tout le monde puis s'isolait deux ou trois jours dans sa piaule. Dans ces moments-là, il n'y avait pas moyen de lui parler. Il semblait se désintéresser de tout et paraissait ailleurs* selon Prune, un autre habitant du squat.

À cette époque, Guy Georges n'a pas de boulot, pas de

femme attitrée. Il déambule sans but au Forum des Halles ou passe sa journée au squat dans son lit à fumer et à boire. Pour s'occuper et se faire un peu de ronds, Guy Georges accepte la proposition du rondouillard photographe breton de jouer les figurants pour des photos « arrangées » où il pose en militant d'extrême gauche, armé jusqu'aux dents d'armes factices. Une dizaine d'habitants du squat participent à cette mascarade.

Le 8 juillet 1995, le « tueur de l'Est parisien » est à cran et repart en chasse. Un trop fort sentiment de puissance et de jouissance s'empare de l'homme au moment où il donne la mort. Comment pourrait-il se refuser un tel plaisir ? Très vite, la pulsion morbide est la plus forte. Il n'en peut plus, il ne pense plus qu'à ça. Cette femme qui lui a échappé l'a humilié, il s'est fait avoir comme un môme. Il tenait pourtant sa proie et n'avait plus qu'à l'achever pour prouver sa toute-puissance et trouver l'apaisement jusqu'à sa prochaine victime. Mais il l'a laissée s'enfuir, se retrouvant du même coup replongé dans son univers de zonard, de pauvre type qui a foiré sa vie. Un sentiment de rage et de honte le ronge.

En ce 8 juillet 1995, au *Whisky à gogo*, boîte de nuit mythique des années soixante, place Furstenberg, Hélène F. et quatre copines finissent la soirée. Hélène à vingt-sept ans, elle est psychomotricienne et dégage une soif de vivre qui illumine tous ceux qui l'approchent. Le rayonnement d'Hélène est tel que sa mère, Anne G., l'a surnommée « Hélène-Soleil ». Ce soir-là, Hélène a organisé une grande fête entre filles pour « enterrer la vie de jeune fille » de Manuelle B. qui se marie et dont elle est le témoin. Vers 20 heures, une joyeuse bande de sept copines se retrouvent au café *Les Deux Magots*. La tablée est gaie, bruyante. Dans des éclats de rire, chaque amie présente ses « condoléances » à cette pauvre Manuelle qui va se mettre la corde au cou. Après l'apéritif, elles se rendent à *La Vieille Trousse*. Le dîner est très jovial et la joie de vivre apparente. Les filles s'amusent comme des folles et c'est en bande qu'elle partent finir la soirée au *Whisky à gogo*. Les filles sont joyeuses et envahissent la petite piste de la boîte et dansent à perdre haleine. Elles sont tout simplement heureuses d'être ensemble et de s'associer au bonheur de Manuelle. Elles ne peuvent pas imaginer pas qu'un fauve rôde dans la nuit parisienne et que l'une d'entre elles vit ses dernières heures.

Au même moment, Guy Georges traîne dans les bars autour de la gare du Nord et de la gare de l'Est.

Vers trois heures du matin, Hélène et trois copines quittent la boîte après avoir couvert de baisers Manuelle, la reine de la soirée. Pour économiser la course en taxi, Hélène décide de rentrer à pied chez elle, rue du Faubourg-Saint-Martin. La nuit est très douce en ce mois de juillet et Hélène marche d'un bon pas. À cette heure, les rues de Paris sont désertées et il est facile de détecter une présence. Hélène ne remarque pourtant pas l'homme qui l'observe depuis le trottoir d'en face puis la suit. Le « tueur de l'Est parisien » traverse d'un pas tranquille la rue et aborde Hélène à qui il demande une cigarette. Hélène ne s'inquiète pas, elle a l'habitude des types qui font la manche dans ce quartier et apprécie ce Paris coloré et multiracial où elle se sent bien. Pourtant, il n'arrive pas une journée sans qu'on lui demande dix balles ou une clope. Sans hésiter, elle tend son paquet au tueur. Il la remercie chaleureusement et marche en discutant à ses côtés. L'homme sait qu'il tient sa proie et qu'il va pouvoir assouvir ses pulsions. Hélène est très jolie, grande et correspond tout à fait au profil des femmes qu'il aime contraindre, violer puis tuer. Le fait qu'elle le dépasse d'une tête augmente-t-il la pulsion meurtrière qui l'habite ? Maintenant qu'il a endormi la méfiance d'Hélène, son attaque n'en sera que plus facile.

Arrivée devant la porte de son immeuble, Hélène se tourne vers son bourreau pour le saluer et prendre congé. La physionomie de l'homme a changé. Elle n'a plus devant lui un paumé de la nuit en quête de cigarette, mais un homme prêt à tout qui la menace de son couteau. Pour qu'elle ne crie pas, il lui explique, comme à Élisabeth O., qu'il est en cavale et qu'il cherche un lieu pour dormir. Hélène l'a-t-elle cru ou était-elle si terrorisée qu'elle a ouvert la porte de l'immeuble à son assassin ? Hélène et lui pénètrent dans un couloir d'une dizaine de mètres menant à une cour faiblement éclairée par une veilleuse et où se trouve l'escalier conduisant aux étages. Pour tranquilliser sa victime, il continue à lui parler doucement d'une voix ferme et menaçante. Hélène lui répond en tentant vraisemblablement de le raisonner. Ces bruits de voix à une heure aussi tardive réveillent et inquiètent la concierge, Maria M. qui se lève et regarde par la fenêtre de sa loge donnant sur la cour. Maria se souvient encore parfaitement de cette nuit où s'est joué le drame. *Cette nuit-là, j'ai été réveillée par des gens qui discutaient dans la cour, il devait être quatre heures du matin. J'ai vu mademoiselle F. qui discutait avec un homme que je n'avais jamais vu. Ils n'avaient pas l'air de se disputer, mais parlaient bas. J'ai pensé qu'ils ne voulaient pas réveiller tout l'immeuble. La jeune femme a ensuite ouvert la porte de l'escalier et ils sont entrés tous les deux normalement. Il n'y avait pour moi aucun motif d'inquiétude dans leur attitude. J'ai vu ensuite les lumières de son appartement s'allumer puis je me suis recouchée. Lui était un jeune homme foncé. Il m'a paru petit, entre un mètre soixante un mètre soixante-dix.*

Lorsque la police lui présentera le portrait-robot de l'agresseur d'Élisabeth O., la concierge n'est pas sûre de reconnaître l'homme qui parlait avec Hélène, mais admet néanmoins que ça pourrait être lui.

Une fois dans l'appartement d'Hélène, un petit deux-pièces, le violeur perçoit la peur croissante d'Hélène. Elle parle beaucoup à son agresseur, essayant de l'amadouer et de le faire renoncer. L'homme s'énerve. Cette fille parle trop, elle lui prend la tête, le fait peut-être douter ? Il ne veut plus l'entendre, il lui ordonne de se taire puis l'attache et la bâillonne. Le rituel est en place, plus rien ne peut arrêter le déchaînement du tueur. Avec les mêmes gestes, au même rythme, il dénude Hélène à l'aide de son couteau en tailladant son pantalon et ses sous-vêtements puis se déshabille à son tour. Ensuite, il la viole et lui porte de nombreux coups de couteau à la face, à la nuque et dans la gorge. Comme sa victime gémit, il lui pose un oreiller sur la tête pour l'étouffer. Lorsque Hélène ne bouge plus, l'assassin, sans doute apaisé, va se laver les mains dans la salle de bains puis fouille méthodiquement l'appartement où il ne trouve à dérober qu'un dictaphone et un Walkman. Sans un regard pour sa victime qui gît ensanglantée, le meurtrier ressort de l'appartement d'Hélène en tirant la porte derrière lui et regagne le plus naturellement du monde le rue du Faubourg-Saint-Martin puis la place Stalingrad. L'aube se lève sur Paris alors qu'Hélène a rejoint le ciel.

C'est le petit ami d'Hélène, Ali S., qui découvrira le corps de la jeune femme le lendemain matin. Lorsqu'il voit les nombreuses taches de sang qui maculent l'appartement d'Hélène, il est effrayé, puis fou de douleur quand il découvre celle qu'il aime sans vie, égorgée. Il rebranche le téléphone et appelle les secours.

Au même moment, à Mâcon, Anne G., la mère d'Hélène, est assaillie par un sombre pressentiment. Il n'y a pourtant pas de raison tente-t-elle de se raisonner, mais une terrible angoisse lui noue le ventre. Vers neuf heures, n'y tenant plus, elle décide d'appeler sa fille malgré l'heure matinale. Elle sait que la veille Hélène a fait la fête. C'est une voix inconnue d'homme qui lui répond.

– Je voudrais parler à Hélène, demande, surprise, Anne.

– Qui êtes-vous, s'entend-elle répondre.

– Et vous, qui êtes-vous ? s'irrite Anne.

Il y a un silence qui lui semble durer une éternité :

– Je suis un pompier, je ne peux pas vous la passer... puis il raccroche et débranche le téléphone.

Son instinct de mère crie à Anne qu'un drame épouvantable vient de se produire. Sans plus réfléchir, elle prend sa voiture et se rend à Paris. À chaque aire de repos de l'autoroute, à chaque station-service, elle essaie d'appeler chez sa fille. La sonnerie « occupé » raisonne, éternelle, dans sa tête et amplifie encore son angoisse. Jamais la route jusqu'à Paris ne lui a paru aussi longue. Et plus les kilomètres passent et la rapprochent de la capitale, plus son cœur cogne fort. *Ma fille, mon petit bout d'amour*, se répète inlassablement Anne pour éloigner d'elle ce cauchemar. Mais hélas, le cauchemar est réel. Sa fille est morte, violée et assassinée. À peine arrivée à Paris, Anne G., en état de choc, est emmené au 36 quai des Orfèvres où on la bombarde de questions sur Ali, le petit ami de sa fille. Anne n'a aucun soupçon sur Ali et l'affirme aux inspecteurs qui l'interrogent. Après ce pénible interrogatoire, Anne G. s'effondre. Elle est ramenée inconsciente à Mâcon et ne sortira de sa torpeur qu'après l'enterrement de sa fille. Il lui faudra deux mois pour retrouver le monde des vivants, mais il n'aura plus jamais la même saveur.

Sans le savoir, le tueur en série a trouvé en Anne G. sa pire ennemie, celle qui va remuer ciel et terre pour que ce monstre soit mis hors d'état de nuire, elle l'a promis à sa fille. Inlassablement, Anne G. va se consacrer toute entière à la chasse du fauve, relançant en permanence juge et enquêteurs, exigeant que toutes les pistes, même les plus insignifiantes, soient explorées. Portrait-robot en main, elle interroge les commerçants et les habitants du quartier d'Hélène et s'aperçoit avec stupeur que les policiers n'ont pas fait ce travail minimum. Pire, les enquêteurs n'ont même pas enquêté sur les lieux de travail de sa fille, alors que l'on sait qu'Élisabeth O. travaille elle aussi dans le milieu hospitalier en psychiatrie enfantine. Anne G. ne veut rien lâcher, rien laisser au hasard. Elle le doit à sa fille, elle le doit aux autres victimes. Car Anne est tout de suite sûre que l'homme qui a tué sa fille n'en est pas à son coup d'essai. Même s'il a souvent été irrité par la pression exercée sur lui par Anne G., le juge Thiel reconnaît que la pugnacité et la douleur de cette mère ont eut le mérite de maintenir en éveil permanent toutes les personnes qui s'occupaient des crimes du tueur inconnu.

L'enquête donne rapidement raison à Anne G. Les résultats des analyses de prélèvement de sperme fait sur le corps de sa fille tombent : *Dans le meurtre d'Hélène F., un ADN masculin a été caractérisé. Il est identique à celui identifié sur un mégot de cigarette dans l'agression commise sur Élisabeth O. au risque d'erreur de 1 sur 145 millions. Il est également identique à l'ADN identifié sur le corps d'Agnès N. au risque d'erreur de 1 sur 1 milliard.*

La police sait maintenant qu'elle fait face à un seul et même homme pour deux meurtres et une agression. Chez certains flics, l'idée germe qu'il puisse y avoir encore d'autres victimes. Si l'on ne parle pas encore de tueur en série, l'idée fait son chemin.

La police a également trouvé un signe particulier très intéressant sur les lieux du meurtre d'Hélène : plusieurs empreintes sanglantes d'un pied d'homme. Et ce pied présente une particularité assez rare, le deuxième doigt de son pied droit est plus long que son gros orteil. Les spécialistes donnent à cette forme particulière de pied le nom de « pied égyptien ». On s'étonne que le tueur en série, d'ordinaire si prudent quant aux indices qu'il pourrait laisser derrière lui après ses meurtres, ne se soit pas préoccupé ou n'ait pas vues les nombreuses traces sanglantes laissées par ses pieds et, plus énigmatique encore, ait laissé l'arme du crime, un Opinel numéro 7 sur le bureau d'Hélène. A-t-il voulu narguer les enquêteurs ? S'est-il cru à ce point invulnérable ? Ou alors, comme le pense un enquêteur de de la crim' : *Guy Georges n'est pas l'assassin génial et méticuleux qu'ont essayé de nous vendre les « profilers » que nous avons consultés après le meurtre d'Hélène quand certains d'entre nous ont eu l'intime conviction que nous avions affaire à un tueur en série. En fait, ce type agissait à l'instinct et ne prenait pas de précautions particulières. Sinon, nous n'aurions pas trouvé de mégots de cigarette, de traces de sperme et encore moins de trace de pied. En fait, la difficulté pour localiser et appréhender un type comme Guy Georges provient du fait qu'il ne connaît jamais ses victimes, qu'il les choisit au hasard en fonction de l'isolement dans laquelle elle se trouve au moment de son passage à l'acte. Nous nous trouvons donc face à un criminel qui ne fait pas partie des cercles de connaissances de la victime, que personne n'a vu et qui retourne aussitôt après dans la marginalité.*

En juillet 1995, la police dispose néanmoins d'un portrait-robot établi à partir du témoignage d'une victime rescapée, d'une empreinte ADN commune à trois crimes et de l'empreinte d'un pied. Il ne reste plus qu'à mettre un nom et un visage sur ces éléments. Il faudra chercher encore trois ans.

La fiche de recherche qui habille les murs de tous les commissariats et gendarmeries de France s'étoffe, mais est erronée. On peut y lire, sous le portrait-robot d'un Arabe établi par la police et Élisabeth O., la description suivante :

**INDIVIDU RECHERCHÉ**

Nord-Africain, 25/30 ans,

cheveux bruns,

1 m 75 à 1m 80, athlétique,

80 kg environ,

1 - S'exprime en français sans accent

2 - Possède le second doigt de pied plus long que le gros orteil

**MOTIF :**

Auteur de viols et d'assassinats sur jeunes femmes à Paris.

**CONDUITE À TENIR :**

**CONTRÔLER** tout individu ressemblant au portrait-robot et vérifier **IMPÉRATIVEMENT** les points 1 et 2.

Au même moment, Guy Georges retourne dans son squat de la rue Saint-Sauveur et reprend la vie normale au sein du groupe. Aucun des habitants du squat, et encore moins ses potes, ne se doute que l'homme qu'ils côtoient est un terrible présumé tueur en série. Vinciane, une de ses dernières petites amies n'en revient toujours pas : *Quand j'ai appris que le « tueur de l'Est parisien » et Guy Georges étaient la même personne, j'ai d'abord cru à une magouille des flics qui avaient besoin d'un coupable tant la psychose devenait grande à Paris. Joe faisait un coupable idéal. Même après les tests ADN et les aveux, j'ai du mal à y croire. C'est le mec le plus gentil que je connaisse.*

Très vite Guy Georges replonge dans sa déprime. Pour s'aérer la tête, il décide de rejoindre des potes qui vivent en communauté à Mansle, près d'Angoulême. Guy Georges a besoin de s'éloigner de ce Paris qui lui pèse et lui rappelle en permanence qu'il n'est rien. Là-bas, il aime siroter une bière en écoutant *Shine On Your Crazy Diamond* des Pink Floyd qui lui fait peut-être oublier ses démons.

Le 22 juillet, soit quatorze jours après le meurtre d'Hélène F., il vole une moto près de la place Victor-Hugo, dans le XVI$^{e}$, et prend l'autoroute A10 en direction de Bordeaux. L'équipée tourne court et Guy Georges est arrêté par la police de l'autoroute qui a repéré la moto signalée volée. La police trouve sur Guy Georges un revolver 22 long rifle, un pistolet à gaz et une boîte de vingt-quatre cartouches calibre 22 long rifle. Guy Georges n'est pas arrêté pour ce vol. Au regard du casier judiciaire déjà lourd de Guy Georges, on s'étonne d'une telle mansuétude. Pour cette affaire, Guy Georges sera condamné à une peine d'un mois de prison le 11 septembre 1996 par le tribunal correctionnel de Chartres.

## 16.
## L'occasion manquée

Relâché par la police après le vol de la moto, Guy Georges retourne à Paris. Il débarque au squat très tôt le matin du 23 juillet 1995. En ce mois de juillet, le squat n'est qu'à moitié occupé et Guy Georges traîne comme une âme en peine. Plus que jamais, il mesure l'inutilité de sa vie et enrage contre la terre entière. Rien ne l'intéresse, alors il se promène sans but dans le Forum des Halles. Le 26 juillet, il n'en peut plus de Paris. Il n'a pas d'argent, ses potes sont partis en vacances ou se sont évanouis dans la nature, à la recherche d'une situation meilleure sous d'autres cieux. Guy Georges décide d'aller à Mansle. Il prend le TGV pour Angoulême. Il est contrôlé sans billet, mais n'en a cure, d'ailleurs qui pourrait l'obliger à payer l'amende ? Guy Georges fera plusieurs fois l'aller-retour Paris-Angoulême en juillet et août 1995.

À Angoulême, il fait du stop pour aller rejoindre ses potes dans leur maison près de Mansle. Les retrouvailles sont joyeuses et très arrosées. Guy Georges retrouve Mazoot et sa copine Nikita qui ont décidé de quitter définitivement Paris, le Marseillais, Fabien, Edwige, Nico et toute une bande de jeunes en rupture de ban. Pour l'intendance, tout le monde se débrouille entre RMI, petits boulots et rapine. Il fait très beau et toute la bande se baigne dans la Charente. Le moral de Guy Georges remonte un peu malgré le fait qu'*il semblait toujours soucieux, préoccupé comme si quelque chose le taraudait. Je me souviens d'un soir où nous avions fait une fête près de la rivière où Mazoot jouait du blues. Tout le monde fumait et planait. À un moment, Joe s'est approché d'une fille et l'a enlacée. La fille était amoureuse d'un garçon qui n'était pas là ce jour-là. Elle l'a gentiment fait comprendre à Joe et s'est éloignée de lui. Joe est alors entré dans une violente colère et a dû être calmé par les garçons de la communauté. Ses yeux étaient exorbités, ce n'était plus Joe, mais un autre qui me faisait peur,* se souvient une des occupantes de la maison de Mansle. À la suite de cet incident, Guy Georges repart pour Paris par le TGV, où il est une nouvelle fois contrôlé sans billet.

À Paris, Guy Georges étouffe dans le squat de Saint-Sauveur. Il prend une chambre dans un petit hôtel rue Becquerel, dans le XVIII$^{e}$.

Mais rien n'y fait, ce qui taraude Guy Georges, c'est cette pulsion morbide qui n'arrive pas à s'éteindre en lui. Le voudrait-il, qu'il ne peut lui échapper.

Le 25 août 1995, la pulsion est à son paroxysme. Alors Guy Georges se met en chasse. Cette nuit-là, ses pas le conduisent dans le quartier de l'Horloge près du centre

Beaubourg. Là, dans la nuit tiède, il détaille les passants et repère en particulier les jeunes femmes seules. Et tout d'un coup, il a un flash. Son instinct de chasseur lui désigne son gibier. Mélanie B. vient de sortir d'un immeuble où elle a dîné avec des amis. Il est un peu moins de une heure du matin. La jeune femme a tout juste vingt ans, elle rentre chez elle rue au Maire retrouver son ami, Valéry D.

Mélanie ne se doute pas qu'elle est suivie depuis son départ de chez ses amis lorsqu'elle pénètre dans son immeuble après avoir composé le code d'accès sur le digicode. C'est alors qu'elle commence à gravir les marches de son escalier et qu'elle entend la porte d'entrée claquer à nouveau. Mélanie accélère le pas sans s'en rendre compte. Pendant qu'elle cherche nerveusement ses clés dans son sac, Guy Georges, menaçant, la rejoint en brandissant un couteau de cuisine qu'il pose sur la gorge de la jeune femme tout en lui ordonnant d'ouvrir la porte de l'appartement. Mélanie panique, ses mains tremblent. Elle n'arrive pas à se saisir des clés. Guy Georges s'impatiente et appuie plus fortement le couteau sur le cou de Mélanie. La menace est très précise. Il n'y a pas un bruit, seule la respiration haletante de Mélanie est perceptible. Lorsqu'elle trouve enfin ses clés, elle ouvre et allume aussitôt. Mélanie prie pour que son ami soit rentré avant elle et se trouve à l'intérieur de l'appartement.

Valéry D. regarde la télévision. Il entend le bruit de la serrure et se lève pour accueillir Mélanie. En la voyant à cette heure de la nuit avec un homme, il comprend qu'il se passe quelque chose d'anormal. Les signes que lui adresse Mélanie lui font comprendre que la situation est grave et, sans une hésitation, il se dirige d'un pas déterminé vers l'entrée.

Lorsqu'elle voit venir Valéry vers elle, Mélanie se rassure. Elle espère que son agresseur prendra peur et s'enfuira. Quand Guy Georges voit l'homme qui s'avance vers eux, il ne cherche pas la confrontation et s'enfuit dans l'escalier. Valéry se lance à sa poursuite, mais se fait rapidement semer par Guy Georges à qui la peur donne des ailes. C'est en remontant vers son appartement qu'il découvre dans l'escalier le portefeuille de l'agresseur.

Mélanie et Valéry se rendent au commissariat du III^e^ arrondissement pour porter plainte et remettre le portefeuille de l'agresseur.

Guy Georges s'est rapidement retrouvé dans la rue et s'est mis à courir pour mettre le plus de distance entre lui et le lieu de son agression. Il est furieux. Il tenait sa proie et n'avait plus qu'à la dépecer. Ce mec a tout fait foirer ! doit-il se répéter.

Dans le portefeuille, les inspecteurs trouvent la carte d'identité de Guy Georges. Pour ne pas éveiller les soupçons de l'homme, le commissariat du XVIII^e^ lui adresse une convocation le 25 août afin de lui restituer son portefeuille en prétendant qu'il a été retrouvé sur la voie publique par un passant. La convocation est adressée rue du Pré-aux-Clercs, au centre social Saint-Vincent-de-Paul où Guy Georges est domicilié. Guy Georges passe très rarement au centre social et ne reçoit pas cette convocation. Le 30 août 1995, le plus naturellement du monde, il va déclarer la perte de ses papiers au commissariat du XVIIIe arrondissemnet où il est arrêté.

Interrogé, Guy Georges nie et crie son innocence. Ses papiers, il les a perdus au métro Barbès et il n'a jamais mis les pieds dans la rue au Maire, qu'il ne connaît même pas. Guy Georges est placé sous mandat de dépôt et la police perquisitionne une première fois sa chambre à l'hôtel *Becquerel* le 8 septembre 1995. Dans les affaires de Guy Georges, on trouve un Opinel numéro 12 et trois rouleaux de sparadrap. Intrigués, les inspecteurs de la brigade criminelle demandent à Guy Georges l'usage qu'il destine à ce sparadrap. Avec beaucoup de cran, il affirme qu'il en a besoin pour protéger ses genoux dont les rotules sont fragiles. Quant à l'Opinel numéro 12, c'est peut-être l'arme qui a tué Hélène F.

Mais l'enquête n'ira pas plus loin. Mélanie B. a formellement reconnu son agresseur parmi quatre hommes qui lui étaient présentés. Pourtant, Guy Georges a bien tenté, comme il l'avait déjà fait lors de la confrontation avec Violette K. le 4 octobre 1982, de modifier son apparence physique en se rasant totalement le crâne et la barbe. Guy Georges a reconnu l'agression dont le mobile, affirme-t-il était l'argent. Il n'y a donc pas de raison pour que la police s'appesantisse davantage sur cette affaire. Le 9 septembre 1995, Guy Georges est condamné à trente mois d'emprisonnement par la 23ème chambre du tribunal correctionnel de Paris pour violences avec usage d'arme. La justice est certes expéditive puisqu'elle condamne Guy Georges seulement quinze jours après son agression, mais elle ne fouille pas davantage car, une fois de plus, le caractère sexuel de l'agression de Mélanie B. n'est pas retenu. Elle a pourtant affirmé que si elle ne savait pas quelles étaient les réelles intentions de son agresseur, il était bien déterminé à rentrer chez elle et avait un regard qui brillait de concupiscence quand il la regardait. Certes, il ne l'a pas touchée ni attouchée, mais Mélanie pense qu'il en avait envie car cela se voyait.

Guy Georges est incarcéré à Fleury-Mérogis jusqu'au 4 février 1996 puis à Fresnes jusqu'au 5 février 1997. Il est ensuite transféré au centre de détention de Châteaudun.

## 17.
## Une période d'accalmie

Durant les vingt et un mois de détention de Guy Georges, la police va continuer à explorer différentes pistes dans le cadre des meurtres d'Agnès N., d'Hélène F. et de l'agression d'Élisabeth O.

Le juge Thiel en charge de ces dossiers et la brigade criminelle parisienne travaillent sur l'ensemble de ces affaires. Anne G., la mère d'Hélène F. multiplie les demandes d'enquête. Ainsi, on interroge une centaine d'infirmiers et d'ambulanciers puisque Hélène et Élisabeth travaillaient dans le milieu médical. Ces investigations ne donneront rien et la lassitude commence à envahir les enquêteurs. Pourtant, ils ont Guy Georges sous la main. De plus, un inspecteur de la brigade criminelle qui fut en poste à Nancy au début des années quatre-vingt et qui enquête sur les meurtres de Catherine R. et d'Elsa B., se rappelle d'un homme condamné douze ans plus tôt par la cour d'assise de Nancy pour un viol commis dans un parking. Il appelle la PJ de Nancy et fait ressortir le dossier du viol de Pascale N. Le déroulement des faits est tout à fait identique. Il a le nom de Guy Georges et part à sa recherche. Il n'aura pas beaucoup à chercher. Il retrouve très vite la trace de Guy Georges en prison et communique le résultat de ses recherches au juge Gilbert Thiel.

Cette intuition et les doutes qui pèsent sur Guy Georges font qu'il est sorti de sa cellule pour être entendu dans le cadre de la procédure relative aux « meurtres des parkings » comme les nomme le juge Thiel. Mais ni l'interrogatoire qui se déroule le 19 septembre 1995 ni l'empreinte ADN de Guy Georges qui est réalisée à cette occasion ne permettront de le confondre dans ces deux affaires. Il avouera pourtant plus tard en être l'auteur avant de se rétracter par la suite.

Mais on peut s'étonner alors, comme le feront les familles des victimes, que l'empreinte génétique de Guy Georges n'ait pas été comparée à celle retrouvée dans les meurtres d'Agnès N. et d'Hélène F. et dans l'agression d'Élisabeth O. alors que la police sait qu'il s'agit bien du même individu impliqué dans ces trois crimes. À cette interrogation, il nous a été répondu que, à l'époque, le fichier des empreintes génétiques n'était pas constitué et qu'il n'existait pas de loi permettant de comparer systématiquement l'empreinte génétique d'un meurtrier X avec des empreintes d'individus identifiés dans d'autres procédures criminelles. Si cela avait été fait, deux autres victimes auraient pu être épargnées, comme l'a martelé sans haine ni colère Anne G. au journal *Libération* le

25 novembre 1997 : *C'est seulement aujourd'hui que l'on parle de tueur en série. Alors que le terme date de la fin juillet 1995, lorsque les expertises ADN ont été connues. J'ai appelé le juge Thiel en septembre 1995, il avait sur son bureau le dossier de l'attentat du RER Saint-Michel et celui des trois filles. Pas de comparaison possible. Ces deux nouvelles morts* [Magali S., Estelle M.] *n'auraient pas dû être. Je m'en fais le reproche.*

Pourtant, sans l'ADN, l'itinéraire sanglant de Guy Georges aurait sans nul doute été encore plus long. Cette véritable carte d'identité biologique, code-barre unique de chaque être humain, est largement utilisée par la police scientifique depuis 1986. À partir de n'importe quelles cellules humaines contenues dans des fragments, même infimes, de peau, de sang, de salive ou de cheveux, on établit avec certitude à quel individu se rattache l'empreinte. Cette technique qui peut confirmer la culpabilité d'un suspect sert également à en innocenter d'autres, comme ce fut le cas pour Patrice Pradé qui avait été inculpé du viol et du meurtre de la jeune Anglaise, Caroline Dickinson.

Dans le cas du « tueur de l'Est parisien », les policiers savent de manière infaillible qu'ils ont affaire à un seul et même homme pour deux meurtres et une agression, mais les enquêtes piétinent et l'année 1996 semble faire oublier qu'un criminel a frappé déjà cinq fois. Aurait-il renoncé ? Aurait-il pris peur ?

Guy Georges, lui, prend son mal en patience dans sa cellule. Il reçoit le soutien amical de ses copains de squat qui voient en lui un militant tombé dans un piège raciste.

Pour justifier sa détention, Guy Georges écrit à Sandrine L. et à Fabien T. et leur explique qu'il vient d'être condamné pour avoir donné un coup de couteau à un videur raciste et fasciste de la *Loco*, une boîte branchée de la place Blanche. Une fois encore, Guy Georges baratine ses potes et ne peut assumer les véritables raisons de son incarcération, lui qui affiche ouvertement un profond mépris pour les pointeurs, ces détenus condamnés pour viol ou violences sexuelles, comme il l'affirme à ses amis qui lui rendent visite en prison.

Les amis de Guy Georges ne peuvent voir que le Guy Georges de façade, celui qui est calme, prévenant et discret. Jamais l'autre facette du personnage Guy Georges ne leur est apparue. Ainsi, son ami psychiatre, Yves-Michel D., pourtant familiarisé avec les asociaux en rupture de ban n'a pas perçu la double personnalité de Guy Georges : *Rien de psychiatrique ne m'a sauté aux yeux alors qu'il m'est arrivé de saisir des indices furtifs chez d'autres. Même à la lumière de ce que j'ai su après coup, rien dans son regard, son expression gestuelle, son discours, ses relations, n'évoque pour moi quelque chose de psychiatrique.*

À Châteaudun, Guy Georges est bien noté par l'administration pénitentiaire qui voit un lui un détenu sociable, calme, parfois solitaire entretenant de bonnes relations avec les codétenus et les surveillants.

Tous ceux qui ont côtoyé Guy Georges le décrivent comme un personnage sympathique, comme l'a écrit dans son livre le docteur Vasseur, médecin à la prison de la Santé.

Le 6 juin 1997, Joe retrouve devant la porte du centre de détention de Châteaudun deux de ses copains qui sont venus le chercher en voiture. Plus que tout, Guy Georges est sensible à ces marques d'amitié dont il est lui-même peu avare. À Paris, il s'installe chez un militant du Droit au logement et fait la tournée des squats pour fêter sa libération. Il raconte toujours la même histoire d'agression raciste qui fait de lui une sorte de héros. Guy Georges est écouté et passe pour un homme courageux qui se bat pour ses idées. Personne ne soupçonne en lui le fauve qui guette les femmes pour les agresser.

Guy Georges sait, lui, qui il est. Il est pleinement conscient de ses actes, lui qui a écrit en lettres majuscules gothiques : « *Joe le Killer* » sur une chemise contenant des textes de chansons en anglais.

Pour se changer les idées, Guy Georges part une semaine sur la Côte d'Azur, à Port-Grimaud, avec Sandrine L. qu'il a revu dès sa sortie de prison. La mère de Sandrine a loué un mobile home et Joe paraît détendu et plein de bonnes résolutions pour s'en tirer.

Mais malgré les fêtes et les copains qui l'entourent, ses pulsions destructrices le torturent toujours. Elles sont de plus en plus fortes et il a de moins en moins de volonté pour les combattre.

Le 2 juillet 1997, moins d'un mois après sa libération, Guy Georges se remet en chasse. Il est accusé d'avoir agressé dans la nuit Estelle F. après l'avoir suivie tandis qu'elle regagnait son domicile. Les modalités de l'agression resemblent à celles pour lesquelles il a été déjà condamné. L'homme repère une jeune et jolie fille seule, la suit et l'agresse alors qu'elle entre chez elle.

Ce soir-là, vers 23 heures 30, Estelle F. regagne son domicile dans le XIe, rue Jean-Pierre-Timbaud. Estelle a vingt-trois ans et travaille comme monteuse pour le cinéma. Ses journées de travail peuvent être très longues et elle ne pense qu'à une chose, retrouver son lit. Elle a à peine franchi la porte du hall de son immeuble qu'elle se retrouve plaquée contre le mur par un homme qui tient un couteau et lui enfonce les doigts dans la gorge. Pour terroriser sa victime, il appuie la lame de son couteau sur le visage d'Estelle. La sentant à sa merci, l'agresseur relâche sa violente étreinte et entraîne Estelle dans la cour. La jeune femme le précède et profite de la distance qui les sépare pour crier à pleins poumons et appeler au secours. Très vite, une voisine apparaît dans la cour et met en fuite le violeur. Estelle porte plainte et décrit un individu d'environ un mètre soixante-dix, de corpulence athlétique, dégageant beaucoup de puissance, de type nord-africain avec les cheveux courts. La jeune femme n'a pas le sentiment que l'homme qu'elle décrit souhaitait la violer. À aucun moment il n'a tenté un geste qui aurait pu le lui faire croire.

La police enquête brièvement sur cette agression et ne fait pas le rapprochement avec l'homme que l'on recherche pour deux meurtres et une agression. Elle classe assez vite l'affaire alors qu'Estelle décrit un agresseur de type nord-africain, comme dans le cas de l'agression d'Élisabeth O. Mais pour les policiers que nous avons interrogés, cette agression ne présentait pas de caractère sexuel aussi n'y avait-il aucune raison de s'y attarder outremesure.

C'est bien dommage ! Contrairement à l'attention toute particulière que les enquêteurs ont apporté à l'agression commise sur Élisabeth O. – qui elle non plus ne présentait pas de caractère sexuel –, ils se désintéressent de celle de Valérie. Y aurait-il deux poids, deux mesures ou un enquêteur a-t-il pris plus au sérieux Élisabeth ?

Après son arrestation, Guy Georges nie cette agression en invoquant comme alibi son séjour à Port-Grimaud. Mais, au moment des faits, il n'était plus à Port-Grimaud, où il a séjourné du 14 au 21 juin 1997, comme le confirmeront Sandrine L. et sa mère.

## 18.

## Le retour du « tueur de l'Est parisien »

Après deux mois d'euphorie, Guy Georges trouve un boulot de manutentionnaire dans un supermarché de Bonneuil-sur-Marne pour le mois d'août. Il n'y restera qu'un mois et claquera toute sa paie en organisant une grande fête où se retrouvent copains de squat et potes de galère. Guy Georges y parle de ses projets de réinsertion et du stage de cuisine qu'il doit effectuer à Stains en banlieue parisienne. Il ne s'y rendra qu'une fois et renoncera lorsqu'il apprendra que le stage n'est pas rémunéré.

Guy Georges a un point de chute dans un squat près de la Villette où tous les appartements sont occupés par des potes, excepté au rez-de-chaussée où vit une vieille dame et ses vingt chats. Guy Georges l'a surnommée Tatie Danièle et s'amuse d'elle lorsqu'elle court après lui avec son balai.

En septembre 1997, Guy Georges s'installe chez Fabien T., avenue Corentin-Cariou dans le XIXe arrondissement. Fabien est un type généreux, baba cool au grand cœur qui héberge régulièrement des types dans la mouise. Son appartement ressemble parfois à la cour des Miracles, mais l'ambiance y est chaleureuse et il y a toujours un coin où poser son duvet et dormir. Guy Georges s'y sent bien et il adore les discussions enflammées qui se prolongent tard dans la nuit. C'est également Fabien qui lui trouve un petit boulot de distribution de prospectus publicitaires pour des spectacles musicaux que Guy Georges refourgue à la sortie des théâtres et des cinémas. À cette époque, l'entourage amical de Guy Georges est composé d'anciens gauchistes reconvertis dans l'action sociale contestataire qui voient en lui un voyou sympathique luttant pour plus de justice et moins d'inégalités. Leur désillusion a été à la hauteur de leur aveuglement, ou de leur naïveté, lorsqu'ils ont découvert l'autre facette de Guy Georges.

Le 23 septembre 1997, au sortir d'une nuit de fête et de beuveries, les démons du « tueur de l'Est parisien » l'envahissent à nouveau.

Après être rentré se doucher chez Fabien, Guy Gorges ressort et part traîner autour des Buttes-Chaumont.

Ce matin du 23 septembre, Magali S., une jolie jeune fille de dix-neuf ans, quitte vers 7 heures 30 l'appartement qu'elle partage rue d'Hautpoul avec son futur mari, Stéphane C., pour aller suivre ses cours au Centre d'information d'apprentissage. Magali est une fille enjouée, sympathique que tout le monde aime. Elle veut réussir sa vie, avoir un travail, se marier et fonder une famille. La vie s'ouvre à elle et elle possède beaucoup d'atouts pour réussir. Le tueur en série ne lui en laissera pas le temps.

Vers 17 heures, en sortant de ses cours, elle passe embrasser son fiancé au garage motos où il travaille. Elle est heureuse et détendue. Magali vient de faire des courses pour le repas du soir. C'est la dernière fois que Stéphane verra Magali vivante.

De son côté, le tueur en série remonte l'avenue Jean-Jaurès lorsqu'il voit Magali sortir du *Monoprix* sur le trottoir d'en face. Son sinistre flash est immédiat. Plus rien d'autre n'existe que cette proie facile à sa portée. Comme pour ses autres victimes, l'homme la suit à distance, se faisant le plus invisible possible. Le scénario est le même. Dès que Magali a ouvert la porte de son immeuble pour regagner son appartement au premier étage, il traverse la rue en courant et pénètre dans le bâtiment avant que la porte ne se referme. Magali est à mi-étage et se retourne, sans crainte, pour voir son agresseur. Selon un des enquêteurs qui a recueilli les aveux du « tueur de l'Est parisien », ce dernier n'avait pas préparé son matériel habituel. Qu'importe, la pulsion est trop forte. Arrivée devant sa porte, Magali sort plusieurs clés et se tourne une nouvelle fois vers l'homme qui atteint le palier sans précipitation. Dès que la porte de l'appartement s'entrouvre, il est derrière elle et la projette brutalement dans l'appartement.

Dans le couloir, Magali demande à l'homme d'une voix où pointe la peur ce qu'il lui veut. Le meurtrier ne répond pas et l'entraîne dans la chambre où il la fait s'asseoir sur le lit. Magali est terrorisée, sans réaction. L'homme qui la domine l'impressionne et lui fait peur. Il se penche vers Magali et lui demande de rester assise sur le lit. Pendant ce temps, il recherche quelque chose pour attacher sa victime. Il tourne dans l'appartement et trouve un couteau dans la cuisine et des lacets de chaussures avec lesquels il attache les mains de Magali dans le dos. La jeune fille comprend que l'homme veut la violer, aussi le supplie-t-elle d'utiliser un préservatif en lui désignant la table de chevet. Le meurtrier acquiesce de la tête, mais ne veut pas entendre le son de sa voix, il la veut à sa merci et n'a que faire de ses plaintes. Il la bâillonne puis, comme avec toutes ses autres victimes, il la dénude à l'aide du couteau. Pour asseoir davantage encore son ascendant sur sa victime, il pose son couteau bien en évidence sur le lit. Magali est tétanisée, la terreur qu'elle éprouve lui empêche toute réaction. C'est comme une morte vivante qu'elle subit le viol.

Le violeur se débarrasse du préservatif qu'il a utilisé en le jetant dans le sac de Magali ainsi que sa culotte pour, dira-t-il plus tard aux enquêteurs, ne pas laisser de traces.

L'homme sait qu'il va tuer Magali. La jeune fille repose inerte sur le lit. Sans doute ne voit-elle plus ce qui se trame dans sa chambre. il enjambe sa victime puis s'assoit sur sa poitrine. Il prend un des oreillers pour cacher le visage de Magali. Il ne peut supporter ce visage qui le regarde et l'implore. C'est sans pitié que le tueur porte un violent coup de gauche à droite dans la gorge de la jeune fille puis plusieurs coups de couteau, toujours dans la gorge, atteignant même les vertèbres cervicales où l'autopsie révéle cinq entailles. L'hémorragie est massive et le meurtrier a son pantalon couvert de sang. Lorsqu'il constate la mort de sa victime, il se relève, range dans le sac le couteau ensanglanté et les lacets qui ont entravé Magali puis va se laver les mains dans la salle de bains. Il commence alors une fouille minutieuse de l'appartement et s'empare des papiers d'identité de Magali, de son carnet de chèques, d'une montre et d'un Walkman. Il est environ 19 heures lorsque le « tueur de l'Est parisien » quitte l'appartement de Magali S..

Les pulsions du tueur en série se sont sans doute apaisés. Il repart en emportant le sac à dos de Magali et le sac plastique contenant des bananes qu'il mangera en chemin. Il n'omet pas de cacher le sac à dos et son maigre butin dans des broussailles près de la voie ferrée.

En refaisant le parcours qui mène de l'appartement de Magali à celui de Fabien T., on s'étonne que personne n'ait remarqué un homme au pantalon couvert de sang. En ce début de soirée du 23 septembre, la nuit n'est pas encore tombée et à 19 heures les passants sont encore nombreux dans les rues de ce quartier animé. Sur ce point, il ne semble pas que la police ait interrogé les riverains. Qu'importe, les policiers n'en sont plus à une approximation près.

Stéphane C., le fiancé de Magali, rentre vers 19 heures 30. Il frappe trois fois à la porte, le signal de reconnaissance entre eux. La porte est juste claquée, Magali est donc à l'intérieur. Peut-être ne l'entend-elle pas, pense Stéphane. Alors, il sonne deux fois, puis sort ses clés pour entrer. La première chose que voit Stéphane dans l'appartement, c'est un Post-it collé sur le répondeur. Magali ne doit pas être encore rentrée. Stéphane écoute le message enregistré, c'est la mère de Magali qui donne juste un petit coucou. Puis Stéphane se dirige vers la cuisine, et c'est seulement à ce moment qu'il aperçoit les jambes de Magali par la porte ouverte de la chambre. Il pense qu'elle se repose et va dans la cuisine, où tout est resté dans l'état où il l'avait laissé le matin. Cela ne ressemble pas à Magali qui range et fait la vaisselle dès qu'elle revient de ses cours. Un profond malaise envahit brutalement Stéphane. Il se précipite vers la chambre et s'arrête sur le seuil. Tout semble en ordre. Stéphane appelle doucement Magali qui semble dormir, toujours vêtue de la robe en jean qu'elle portait lorsqu'elle est passée au garage. C'est en s'approchant du lit qu'il constate que la couette est couverte de sang. Aussitôt, Stéphane retourne Magali et découvre avec effroi qu'elle a la gorge tranchée. Sa robe est ouverte sur le devant et son soutien-gorge est coupé en deux. Avec la rage du désespoir, il tente de réanimer celle qu'il aime. Il ne peut admettre qu'il soit trop tard. Comme un zombie, il appelle à 19 heures 45 le 18 pour demander des secours. Stéphane ne pense pas alors à une agression et recherche l'objet qui a pu couper Magali de la sorte. Pour lui, il ne peut s'agir que d'un accident.

Pompiers et policiers sont rapidement sur les lieux. Les policiers sont frappés par la violence barbare qui émane de la chambre de Magali. La thèse du meurtre ne fait pas l'ombre d'un doute. Stéphane a prévenu sa famille et celle de Magali et reste prostré dans un coin de l'appartement. Pour lui, le monde s'écroule. Pourtant, il est soupçonné et interrogé de longues heures par les inspecteurs du quai des Orfèvres.

Pour la famille de Magali, le choc est terrible. Le tueur en série vient de leur enlever l'être qui leur était le plus cher. Un sentiment d'incompréhension et d'injustice les envahit. Le père de Magali, un Italien de Brescia, est partagé entre l'effondrement et la haine : *Il a enlevé le sourire de ma fille, je ne pardonnerai jamais,* déclare-t-il aux journalistes venus l'interroger après l'arrestation de Guy Georges. Pour lui, la vie a perdu tout sens et il a failli basculer dans la folie.

Sur les lieux du crime, la police scientifique a commencé son minutieux travail. Tout ce qu'il est possible de collecter est transmis aux laboratoires d'analyses. Sur les marches de l'escalier, les inspecteurs trouvent de nombreuses gouttes de sang. Toutes proviennent de la victime. l'assassin n'a pas laissé de traces d'ADN, mais la mise en scène d'une rare sauvagerie ainsi que les mains attachées et les vêtements lacérés constituent une signature du meurtre qui n'échappe pas aux enquêteurs.

Le juge Olivier Deparis est chargé de l'instruction de l'affaire alors que l'enquête est confiée à la brigade criminelle de Paris.

Si la police ne dispose pas d'indices aussi probants que dans les affaires Hélène F., Élisabeth O. et Agnès N., les enquêteurs sont intimement persuadés qu'ils ont affaire au même homme. Certains préconisent de diffuser dans la presse le portrait-robot réalisé en 1995 à partir du témoignage d'Élisabeth O. et affiné récemment par un logiciel anglais, alors que d'autres estiment cette démarche inutile compte tenu de l'ancienneté du portrait-robot. Ils pensent que cela risque surtout d'alerter le suspect. Le juge Thiel n'est pas favorable à cette méthode. Selon lui, elle ramène plus de témoignages fantaisistes et peu fiables que de vrais éléments permettant l'arrestation du tueur. L'autre risque majeur est de créer une psychose parmi la population parisienne. Pour l'instant, le grand public n'est pas au courant qu'un dangereux criminel frappe au hasard des jeunes femmes seules dans les rues de Paris. La presse n'a pas encore fait de ces meurtres des gros titres, la thèse du tueur en série n'étant pas encore révélée par la police.

Dans les jours qui suivent l'assassinat de Magali S., Guy Georges fait la tournée des squats et des fêtes alternatives où il recroise ses amis. Plusieurs d'entre eux se rappellent d'un Guy Georges très préoccupé de justice sociale et très engagé dans la lutte militante. Les soirées chez Fabien se terminent au petit matin, le teint blafard et la bouche pâteuse. Chacun a eu l'impression de refaire le monde et que l'aube qui se lève va voir arriver de grands changements. En fait, chaque matin se révèle être un matin de galère où Guy Georges se sent toujours différent et inadapté à ce monde d'où il se sent en permanence exclu.

En cet automne 1997, Guy Georges s'isole encore plus en lui-même et ne donne à voir de lui que la face la plus élaborée, celle du type cool et prévenant. En fait, ses pulsions destructrices sont de plus en plus violentes et de plus en plus fréquentes.

Le 28 octobre 1997, un mois après avoir violé et tué Magali S., le tueur en série repart en chasse.

Valérie L., est une très jolie jeune femme de vingt-cinq ans. Elle travaille comme responsable commerciale d'une entreprise de bibliothèque. C'est une femme dynamique, sûre d'elle et à qui tout semble réussir.

Dans la soirée du 28 octobre, elle retrouve plusieurs de ses amis à *La Rhumerie*, boulevard Saint-Germain, dans le VI$^{e}$ arrondissement. Valérie est une femme qui aime la vie et, plus que tout, ses amis auxquels elle consacre la majeure partie de son temps libre. Après une soirée de détente et de rire, Valérie rentre chez elle, rue Saint-Sulpice, à quelques pas de *La Rhumerie*. Il est à peine minuit. Valérie est heureuse en cette douce soirée parisienne. Le quartier est encore animé et à aucun moment elle n'a l'impression d'être suivie. Pourtant, le « tueur de l'Est parisien » se trouve à l'angle du carrefour Mabillon, sur le trottoir opposé, et la voit sortir seule du bar. Son instinct ne le trompe pas, ce soir, ce sera elle sa victime. Valérie regagne à pied son domicile. Elle emprunte la rue Mabillon puis la rue Saint-Sulpice. Arrivée devant son immeuble, elle compose le code de la porte cochère puis prend l'escalier situé trois mètres après cette porte. Elle monte à pied en empruntant l'escalier commun jusqu'au deuxième étage, puis, à partir de cet étage, elle gravit un autre escalier desservant son appartement situé au quatrième. En arrivant au troisième, Valérie entend la chasse d'eau des toilettes communes puis des bruits de pas précipités. Elle accélère le pas aussitôt et, au moment où elle s'apprête à ouvrir sa porte, réalise qu'elle n'aura pas le temps d'entrer chez elle. Son instinct lui commande de retirer les clés de la serrure et d'affronter de face un éventuel danger. Tremblante, angoissée, elle voit surgir sur le palier un homme dont la puissance l'impressionne immédiatement. L'homme brandit dans sa main gauche un objet que Valérie n'identifie pas tout de suite. Il porte des gants en laine, un jean foncé et un bombers foncé. Valérie décrit un individu à la peau foncée, de type métis, d'environ vingt-huit ans à la corpulence athlétique tout en force et mesurant un mètre soixante-quinze environ, le crâne rasé et le visage glabre. Ses yeux sont noirs, donnant à son regard un aspect terrifiant. L'impression de puissance qu'il dégage est sans doute dû à son cou de taureau. Sans prononcer un mot, Guy Georges ordonne à Valérie de se taire en lui faisant *chut* avec le doigt sur la bouche. Valérie est paniquée, mais décide de lui faire face. L'homme est surpris, il n'a pas l'habitude de se voir opposer de la résistance. Lentement, Valérie se recule contre la porte de sa voisine puis s'accroupit en se mettant en boule et en protégeant sa tête de ses mains. Elle sait qu'elle n'a rien à perdre, alors elle se met à hurler de toutes ses forces tel un animal pris au piège. Ses cris résonnent dans l'escalier et lui semblent durer une éternité. Valérie n'ose pas changer de posture. Pourtant, elle relève la tête et voit son agresseur tourner les talons et s'apprêter à redescendre l'escalier. Valérie se relève tout en continuant à hurler afin que l'homme ne revienne pas. Lorsqu'elle a la certitude qu'il est parti, elle ouvre sa porte en tremblant et s'enferme. Personne n'est intervenu. En état de choc, Valérie appelle la police qui envoie rapidement deux inspecteurs pour recueillir sa déposition. Contrairement comme lors de l'agression d'Élisabeth O., il n'y aura pas véritablement d'enquête sur cette affaire. Une fois de plus, la police ne fait pas le rapprochement entre ce qu'elle considère comme l'acte d'un rôdeur paumé et l'assassin qui ensanglante Paris.

C'est sans aucun doute la réaction de défense de Valérie qui lui a sauvée la vie. Le tueur a besoin de victime terrorisée, sans réaction, pour pouvoir agir. Deux de ses victimes, Éléonore P. en 1992 et Annie L. en 1994, avaient déjà pu lui échapper en réagissant.

Après l'arrestation de Guy Georges en mars 1998, Valérie L. reconnaît formellement son agresseur sur les photos publiées dans la presse puis lors de sa confrontation avec Guy Georges le 2 octobre 1998, un an après les faits. Valérie L. est formelle, la ressemblance est frappante même si, le jour de l'agression, il avait le crâne complètement rasé. À l'époque, Guy Georges était plus fort, il était en fait beaucoup plus gros.

Guy Georges, pour sa part, a toujours nié, affirmant qu'il portait le bouc à cette moment-là. Joe a déjà employé ce système de défense pour d'autres agressions en prétendant qu'il n'avait pas, à l'époque des faits, le look que décrivent ses victimes. Guy Georges en appelle aux témoignages de ses amis de l'époque, mais aucun d'entre eux n'a pu affirmer qu'il portait bien le bouc en octobre 1997. Fabien T. affirme ne pas s'intéresser à ce genre de détails. Micheline S., la mère de Sandrine, ne se souvient pas avoir vu Guy Georges porter la barbe, tout juste se rappelle-t-elle l'avoir vu mal rasé avec une barbe de deux ou trois jours. Dominique, le frère de lait de Guy Georges, confirme la déclaration de Micheline. Arcole C., l'hôtelier de la rue de Navarin se souvient d'avoir remarqué le bouc naissant de Guy Georges la dernière fois qu'il l'a vu, début mars 1998, peu avant son arrestation.

Concernant sa corpulence, Guy Georges affirme pour s'innocenter de cette agression qu'il n'a jamais été gros. Pourtant, il écrit dans une lettre écrite à Sandrine L., son ancienne petite amie : *Je n'ai pas trop changé à part mon poids, 83 kilos. Tu te rappelle, je mettais du 38, là, je mets du 44, j'ai un ventre de cuistot*. D'autres témoignages confirment la prise de poids de Guy Georges à sa sortie du centre de détention de Châteaudun.

Confondu par son aspect physique, Guy Georges va ensuite prétendre qu'il n'était pas à Paris au moment de l'agression, mais à Mansle, chez son copain Mazoot, où il s'est lié d'amitié avec une jeune femme enceinte, Virginie A. Guy Georges dit s'être rendu en train et avoir eu une amende pour avoir voyagé sans billet.

Nous avons obtenu de la SNCF tous les PV de Guy Georges sur la ligne Paris-Angoulême, mais aucun PV n'apparaît aux dates indiquées par Guy Georges (voir document en annexe). À Mansle, nous avons retrouvé Virginie A. qui a fait la connaissance de Guy Georges le

5 octobre 1997. Elle sympathise avec lui qui montre beaucoup d'intérêt au bébé qu'elle porte et caresse son ventre en permanence pour sentir les mouvements de l'enfant. Virgine, à cette époque, est assez dépressive, elle trouve en Guy Georges un homme attentionné qui l'écoute. Il reste à Mansle une dizaine de jours puis repart sur Paris en stop le 10 octobre. Arrivée à Paris le 12 octobre, il envoie des lettres enflammées à Virginie depuis une boîte aux lettres rue des Pyrénées dans le XX^e^ arrondissement.

Il est difficile d'imaginer que le jour de l'agression de Valérie L., Guy Georges puisse être à Mansle. Car le 29 octobre, le lendemain de l'agression de Valérie L., il poste à midi, à Paris, une carte-postale à Virginie A. Comment aurait-il pu se rendre de Mansle à Angoulême, soit quarante kilomètres, autrement qu'en stop pour prendre un TGV vers 8 heures du matin dans un délai de douze heures entre l'heure de l'agression et la levée du courrier à Paris ?

L'agression manquée sur Valérie L. aurait dû calmer le présumé tueur. Il n'en est rien.

## 19.

## Le dernier crime

Un peu plus de quinze jours après l'agression commise sur Valérie L. et moins de deux mois après avoir tué Magali S., le tueur en série reprend sa traque dans un quartier qu'il connaît bien, le XI^e^. Le besoin de tuer, d'anéantir les femmes est de plus en plus fort et se fait ressentir à intervalles de plus en plus rapprochés. Sans l'arrestation du tueur, la série effroyable se serait sans doute prolongée.

Le 14 novembre 1997, Estelle M. quitte son travail de secrétaire dans une société de production de film. Il est 19 heures. Estelle est une très jolie femme de vingt-cinq ans qui traverse une période affective difficile. Ses relations avec son petit ami, David B., qu'elle a rencontré l'été précédent lors d'une croisière en Méditerranée avec des amis, ne sont plus au beau fixe. Estelle souhaite faire le point et prendre de la distance. Ce vendredi 14 novembre, elle part retrouver David dans un café, *Objectif lune*, rue de La Roquette. Le couple reste discuter jusqu'à 22 heures, puis David raccompagne Estelle qu'il quitte rue du Faubourg-Saint-Antoine vers 22 heures 15. La soirée a été triste et David s'en va sans se retourner. Démoralisé et cafardeux, il regagne l'appartement qu'il partage avec une amie, Karen A.

De son côté, Estelle a gagné la rue de la Forge-Royale où se trouve son studio. Dans l'après-midi, elle avait promis à des amis de les rejoindre au *Mégalo*, un bar cosmopolite du quartier de la Bastille où Estelle aime retrouver ses copains. Vers 22 heures 30, Estelle rejoint ses potes qui lui redonnent le sourire. La joyeuse bande dîne au restaurant *Chez Paul* puis retourne au *Mégalo* prolonger la soirée. Vers 3 heures du matin, Estelle raccompagne Jacques P. à la station de taxis de la place de la Bastille puis rentre chez elle.

À la même heure, le tueur rôde autour de la Bastille. A-t-il vu le couple attendre à la station de taxi puis décidé de suivre, comme à son habitude, la jeune femme ? Ou l'a-t-il croisée de manière fortuite et a-t-il eu immédiatement un de ses flashs meurtriers ?

Guy Georges, le présumé « tueur de l'Est parisien », ne se souvient pas avec précision du déroulement de sa soirée. En revanche, il avoue avoir imposé une fellation avant de violer et de tuer la jeune femme après s'être introduit chez elle sous la menace de son couteau. Comme pour ses autres victimes, il attache les mains d'Estelle avec des lacets trouvés sur place. Il utilise un préservatif dont l'emballage sera retrouvé sur le lit et qu'il emporte avec lui après avoir tué Estelle et dérobé son sac, sa carte de crédit et ses papiers d'identité.

Estelle a sûrement tenté de raisonner et d'apitoyer son agresseur. Mais le fauve qui lui fait face n'a que faire de ses plaintes terrorisées. Selon un rituel établi, il lacère vêtements et sous-vêtements. D'après l'enquête, Estelle n'a pas tenté de se défendre. Elle a sans doute subi l'horreur dans un état léthargique. Guy Georges a avoué s'être lui-même coupé la paume de la main gauche, à l'implantation du pouce, alors qu'il maintenaitt la tête de sa victime et portait le coup mortel à sa gorge. Il s'est ensuite rétracté de cet aveu malgré la preuve accablante de son empreinte génétique.

Le corps sans vie d'Estelle sera retrouvé deux jours plus tard, le 16 novembre 1997. Ce sont les parents d'Estelle qui se rendent à son domicile, inquiets d'être sans nouvelles de leur fille alors qu'elle avait prévu de passer le week-end avec eux. La mère d'Estelle, Danièle, tente de la joindre toute la journée du samedi et laisse sur son répondeur des messages de plus en plus inquiets. Cela ne ressemble pas à Estelle de ne pas prévenir. En fin de journée, Danièle appelle Céline M., la meilleure amie d'Estelle, qui, elle non plus, n'a pas eu de nouvelles.

C'est avec une profonde inquiétude que les parents d'Estelle se rendent rue de la Forge-Royale et ouvrent la porte de l'appartement avec le double des clés que leur a laissé sa fille quelques jours auparavant. Il est un peu plus de 15 heures. La porte n'est pas fermée, mais juste tirée. L'appréhension de Jean-Pierre et Danièle M. se transforme en peur. L'appartement est sens dessus dessous, cela non plus ne ressemble pas à Estelle, si ordonnée, si méticuleuse. Empli d'inquiétude, le père d'Estelle gravit les échelons de l'échelle de la mezzanine. Le spectacle de sa fille ensanglantée reposant à plat dos sur son lit, les jambes recouvertes d'une couette maculée de sang, l'horrifie. L'effroi est tel que Jean-Claude M. hurle de douleur. Sa femme comprend aussitôt que sa fille est morte. Le tueur en série vient de briser leur vie, vient de leur prendre l'être aimé. Bouleversé, le père d'Estelle déclare à la presse immédiatement alertée par ce nouveau meurtre : *Estelle était un être passionné, une artiste dont la vocation était la danse, adorant le cinéma où elle allait souvent avec sa mère et moi. Passionnée et simple. Une jeune femme qui remplissait les lieux. Plus tard, lors de la levée du corps, je l'ai vue figée dans l'éternité avec un visage qui n'était pas le sien. Il était plein de douleur...*

Le studio d'Estelle donne sur la rue dans un immeuble dont l'entrée est protégée par un digicode. Guy Georges a reconnu les lieux lorsque les photos lui ont été présentées. Le couloir d'accès à l'escalier qui mène aux étages est encombré de poubelles, de landaus et de vélos. La porte du studio d'Estelle possède deux verrous et un judas. Estelle a parfaitement aménagé ses quinze mètres carrés en installant une mezzanine sur laquelle se trouve son lit. L'endroit est chaleureux et révèle une jeune femme joyeuse et généreuse. C'est dans cet endroit où il fait bon vivre que le « tueur de l'Est parisien » a donné la mort lui pour qui la vie semble avoir si peu d'importance.

Les enquêteurs de la brigade criminelle sont aussitôt sur les lieux. Certains pensent déjà qu'il s'agit peut-être du meurtrier de Magali S. Là encore, la violence insoutenable de la scène leur rappelle une signature connue. Les murs sont éclaboussés de sang et témoignent d'un véritable carnage.

L'autopsie pratiquée sur le corps d'Estelle établira que la jeune femme a reçu trois coups de couteau à la gorge, deux relativement superficiels et vraisemblablement destinés à impressionner la victime ou à la terroriser ; l'autre coup a été porté avec une extrême violence et a entraîné la mort par hémorragie.

Sur place, la police scientifique récupère la couette ensanglantée ainsi que la literie souillée et un sweat-shirt taché de sang. Les expertises biologiques qui sont réalisées sur les traces de sang par les laboratoires de la police mettent en évidence deux types sanguins distinct dont l'un contient un ADN masculin retrouvé sur le sweat-shirt. Cet ADN est immédiatement comparé à l'ADN extrait des prélèvements réalisés après les crimes commis sur Agnès N., Hélène F. et Élisabeth O.. Les docteurs Pascal et Moisan sont formels : c'est bien le même homme qui a tué Estelle M. avec un risque d'erreur de un sur un milliard.

Après son arrestation, Guy Georges niera, en dépit de la preuve accablante apportée par l'ADN, être le possesseur du sweat-shirt retrouvé dans l'appartement d'Estelle. Son affirmation se verra battue en brèche par le témoignage de Sandrine L., son ancienne petite amie, qui affirme que ce vêtement lui appartenait et qu'elle l'a offert à Guy Georges durant l'été 1994. Une fois de plus, Guy Georges a tenté de dissimuler une vérité qui ne peut l'être.

Un des enquêteurs de la brigade criminelle présent sur les lieux du crime se souvient, en voyant le corps d'Estelle et ses horribles blessures, d'un autre meurtre en tous points identiques, celui de Pascale E. commis en 1991 : *Quand je suis entré dans l'appartement de la petite M., quand j'ai vu son visage, j'ai tout de suite su qu'il était revenu. Il y avait cette mèche de cheveux, bien disposée sur ses lèvres, comme sur celles de Pascale E. C'était à se demander si le tueur ne le faisait pas exprès. J'avais l'impression d'être transporté six ans en arrière.*

À l'annonce de ce nouveau meurtre, la mère de Magali S. laisse éclater sa colère et déclare à l'AFP : *Il faut que cela s'arrête là. Depuis deux mois, on attend qu'on nous dise ce qui s'est passé et on tente vainement de sensibiliser les gens au danger que représente ce tueur. Si nous avions été entendus, notre fille aurait pu être sa dernière victime.*

Ce meurtre ne fait que raviver les douleurs des familles déjà éprouvées et provoque leur colère vis-à-vis d'une justice qu'elles jugent trop lente.

Les dossiers qui sommeillaient jusque-là sont réactivés. Les policiers analysent et recoupent alors les similitudes entre les meurtres accompagnés de viols de jeunes femmes à Paris. Ils acquièrent ainsi la certitude que l'homme qu'ils recherchent est l'auteur de trois meurtres prouvés par l'ADN, ceux d'Agnès N., d'Hélène F. et d'Estelle M. ; deux meurtres correspondent à la signature du tueur, ceux de Pascale E. et de Magali S. et deux meurtres portent une signature identique, mais à la scénographie différente : ceux d'Elsa B. et de Catherine R., toutes les deux assassinées dans des parkings.

De manière inéluctable, l'étau commence à se resserrer enfin autour du tueur en série.

## 20.
## Le traqueur traqué

C'est à partir du meurtre d'Estelle M. que la presse va relayer et amplifier l'affaire du « tueur de l'Est parisien ». *Le Parisien* titre dès le 18 novembre 1997 : *La jeune secrétaire a été égorgée*. L'article donne une foule de détails précis et rappelle le meurtre de Magali S. deux mois plus tôt. Le papier se termine en évoquant la possibilité de deux autres meurtres attribués au même tueur, ceux d'Agnès N. et d'Hélène F., sans que leurs noms soient cités.

Le 20 novembre, le même journal titre sur trois colonnes : *Un tueur en série dans la capitale*. Suit un article alarmiste : *L'homme, âgé d'une trentaine d'années, s'introduit chez ses victimes au moment où elles regagnent leur domicile. Puis il les viole et les égorge. Il a tué quatre fois en un peu moins de trois ans, choisissant des jeunes femmes habitant l'est de Paris. Une cinquième victime a pu décrire le mystérieux meurtrier.*

Le 21 novembre, *Le Monde* publie un article très détaillé, *MEURTRES : la découverte du cadavre d'une jeune femme tuée à son domicile parisien relance une enquête sur plusieurs meurtres de jeunes femmes vivant seules.*

Le 26 novembre, c'est *Libération* qui titre : *Le tueur en série a frappé quatre fois.*

Le 27 novembre, le père d'Estelle M. déclare à *France-soir* : *Il faut arrêter cet individu. Ce que j'espère, c'est que vous, journalistes, vous ne lâcherez pas. Qu'on ne suscite pas un moment d'affolement ou de psychose, mais qu'on prévienne les jeunes filles.* Son vœu est entendu au-delà de ses espérances mais déclenche très vite un vent de panique qui va balayer la capitale.

Les titres s'enchaînent, tous plus inquiétants les uns que les autres : *L'insaisissable tueur en série, Un tueur dans la ville, Peur sur la Bastille, Un tueur en série dans la capitale...*

Dans le quartier de la Bastille, toutes les discussions tournent autour du mystérieux violeur meurtrier. Les habitantes du quartier n'arrivent pas à prendre la nouvelle à la légère. Beaucoup de jeunes femmes se font raccompagner en bas de chez elle, tandis que d'autres préfèrent ne pas sortir seules le soir. D'autres jeunes femmes avouent éviter ce quartier. Certaines encore se sont procuré des bombes lacrymogènes pour se défendre. En quelques jours, la Bastille est présentée comme le centre du territoire de chasse du tueur en série. L'inquiétude est relayée par des témoignages fantaisistes qui font de tout homme seul à la mine patibulaire un suspect en puissance. Il ne fait pas bon traîner à la Bastille la nuit lorsque l'on est Arabe et costaud. Plusieurs jeunes beurs en font l'amère expérience et se retrouvent embarqués pour avoir le tort de ressembler vaguement à un portrait-robot qui ne ressemble à rien. « Portrait-rebeu » comme ironise Franck Spengler auprès d'Omar Guendouz.

La pression médiatique est telle que l'affaire est évoquée dès décembre 1997 au conseil de Paris. Dans les questions d'actualité, le Préfet de police, Philippe Massoni est interpellé par un conseiller : *Monsieur le préfet, les Parisiennes ont peur. Depuis plusieurs mois, sinon plusieurs années, un tueur en série a violé, torturé, assassiné au moins cinq d'entre elles, se livrant à des actes d'une rare barbarie. Notre ville a déjà été meurtrie par des tortionnaires tels les Landru, les Peutiot, les Paulin, les Traoré.* [...] *Aujourd'hui, l'Est parisien est durement éprouvé. Tout doit être mis en œuvre pour interpeller un tel monstre.* [...] *Les Parisiennes et les Parisiens attendent que l'enquête policière aboutisse avant que d'autres meurtres soient commis. [...] Quelles informations, monsieur le Préfet, êtes-vous d'ores et déjà en mesure de nous communiquer qui permettraient de rassurer nos concitoyens, par exemple, sur l'importance des moyens mis en œuvre.* [...]

Philippe Massoni dresse alors aux conseillers de Paris la sinistre liste des meurtres et agressions reprochés au tueur en série en commençant par l'assassinat, en décembre 1994 d'Agnès N. Puis il cite Élisabeth O., Hélène F., Magali S. et Estelle M. Il enchaîne ensuite : *La Préfecture de police a mis en œuvre d'importants moyens afin d'identifier et d'interpeller l'auteur de ces meurtres. Cinq groupes de la brigade criminelle, soit trente fonctionnaires, se consacre entièrement à cette enquête et tous les services centraux et territoriaux de la direction de la police judiciaire leur apportent leur concours, de même que les effectifs de la direc-*

*tion de la Sécurité publique ont été alertés dès les premiers meurtres. Les fiches signalétiques ont été distribuées à l'ensemble des services de police.* [...] *Le 26 novembre dernier, il a été procédé à un appel à témoins, avec diffusion du portrait-robot par voie de presse. Ce portrait-robot a été diffusé à l'ensemble des services de police.* [...] *Ce sont donc des moyens importants qui ont été et continueront d'être déployés. À ce jour, près d'un millier d'appels téléphoniques relatifs à des informations pouvant intéresser l'enquête ont été reçus sur une ligne verte mise en place à cet effet. Une quarantaine d'hommes susceptibles de correspondre au signalement ont été interpellés. Ils ont été mis hors de cause en raison de leurs caractéristiques physiques. Une quinzaine d'autres individus ont été soumis, dans le cadre d'une garde à vue, à des prélèvement destinés à des comparaisons d'ADN. Enfin, deux mille cinq cents photographies ont été présentées à Mademoiselle O. depuis son agression. Voilà les premières informations que je voulais vous donner.*

Pour rassurer l'opinion publique, le préfet va lui-même présenter ces mesures mises en œuvre au journal télévisé de 20 heures.

Rien de bien nouveau s'étonnent les avocats des familles des victimes, si ce n'est le nombre d'inspecteurs mis sur l'enquête. *Moins cependant qu'aux meilleurs moments de l'affaire Diana,* ironise avec justesse l'avocat de la famille de Magali S.

Pourtant, les recherches de la police se poursuivent dans les prisons, les hôpitaux. Sur l'insistance d'Anne G., la mère d'Hélène F., la police va même jusqu'à contrôler les fiches du personnel du groupe de restauration *Flo* depuis 1994 puisque l'agresseur d'Élisabeth O. lui a donné ce nom. En fait Guy Georges a donné le prénom d'un de ses potes de détention qu'il a connu à la prison de Caen. Cette recherche ne donnera rien et vaudra à Anne G. cette réflexion amère d'un enquêteur : *nous avons eu un mauvais Noël avec ça*. Cynisme, quand tu nous tiens...

Anne G. suggère également une autre piste : les salles de musculation. Élisabeth O. n'a-t-elle pas décrit un Maghrébin puissant et très athlétique ? Cette piste ne sera exploitée par la police qu'en décembre 1997, deux ans après l'assassinat de sa fille.

Chacun y va de son analyse plus ou moins juste, plus ou moins pertinente. C'est ainsi que l'avocat de la famille de Magali S. dresse un portrait du tueur qui s'avérera assez juste : *Le tueur recherche la jeune femme typique des années quatre-vingt-dix qui allie sérieux, naturel et ouverture d'esprit. C'est mademoiselle Tout-le-Monde, et c'est cela qui est effrayant ! La jeune femme moderne, indépendante, très jolie sans être un top model, la femme dont on a envie qu'elle devienne une copine sympa.*

D'autres parlent d'un tueur fétichiste puisqu'il s'empare de « trophées » chez ses victimes, d'un militaire puisque ses cheveux sont impeccablement rasés, d'un infirmier car la découpe des vêtements de ses victimes est précise et rappelle celle des secouristes d'urgence. On désigne le tueur comme un être intelligent, froid, méticuleux, organisé, bien intégré dans la vie sociale et repérant méticuleusement ses victimes. Très vite le « tueur de l'Est parisien » devient une « bête à fantasmes » qui rapporte beaucoup d'argent aux journaux en mal de sensationnel.

Le 23 novembre 1997, sous la pression de l'opinion publique, le juge Thiel et la brigade criminelle acceptent à contrecœur de diffuser le portrait-robot de 1995 revu et corrigé par un logiciel anglais. Ce nouveau portrait du tueur, très différent de celui établi à partir des renseignements fournis par Élisabeth O., provoque la colère d'Anne G. qui ne reconnaît pas l'homme qu'on lui a présenté après le meurtre de sa fille en juillet 1995, un portrait-robot ahurissant de non-ressemblance selon elle. À la suite de la diffusion du portrait-robot, la police reçoit plus de trois mille appels téléphoniques qui ne donnent rien et encombrent plutôt les enquêteurs en vaines et longues vérifications.

À la brigade criminelle, le « tueur de l'Est parisien » devient enfin la priorité des priorités. Il était temps soupire, désabusée la mère d'une des victimes. Les policiers de la crim' exhument et étudient plus de mille huit cents dossiers d'agressions sexuelles afin d'y dénicher le tueur. En deux mois, la police interpelle une cinquantaine de suspects, tous des Maghrébins âgé de vingt-cinq à trente ans connus pour des délits sexuels. Les test génétiques auxquels on les soumet les innocentent. Certains policiers suggèrent même de faire appel à des « profilers » américains afin de dessiner le contour psychologique du tueur. Différents « spécialistes » de la criminalité en série s'essayent à donner le profil de l'homme recherché. Ils affirment aux policiers que l'homme est supérieurement intelligent, qu'il a de l'éducation et qu'il ne s'agit ni d'un rôdeur ni d'un exclu. *C'est peu de chose mais c'est un début*, jubile un commissaire auprès de journalistes qui reprennent cette information. C'est sans doute le « tueur de l'Est parisien » qui a dû jubiler à la lecture de ces articles.

Guy Georges ne peut ignorer cette effervescence policière et médiatique autour des crimes qui sont reprochés au tueur en série. Cela ne l'empêche pas de continuer à se rendre dans les squats ou d'aller dans l'hôtel tenu par Arcole C. Mais la pression autour du violeur meurtrier s'amplifie. C'est peut-être cette raison qui le pousse à prendre l'air pour se faire oublier et ne pas risquer d'être contrôlé.

Une semaine après le meurtre, Guy Georges part à Mansle chez son pote Mazoot. Il y passe le réveillon et revient sur Paris au début du mois de janvier 1998. Sans doute a-t-il suivi les avancées de l'affaire du « tueur de l'Est parisien » puisqu'il ne se passe pas un jour sans que la presse fasse part des avancées de l'enquête.

Il doit être sûr de lui et se sentir en sécurité, ou être inconscient, pour reprendre le chemin des fêtes. C'est lors de l'une d'elles à Saint-germain-en-Laye qu'il fait la connaissance de Virginie W et Vinciane D. deux jeunes filles de dix-huit et vingt-quatre ans. Guy Georges leur apparaît sympa et gentil, et c'est tout naturellement que Vinciane se laisse séduire par cet homme dont elle aime l'assurance et qui lui paraît très équilibré. Guy Georges la raccompagne et finit la nuit chez la jeune femme avec qui il fait l'amour toute la nuit. Guy Georges repart au matin et revoit Vinciane à plusieurs reprise avant d'être arrêté. Jamais, nous dira-t-elle, elle aurait pu imaginer que l'homme qu'elle aimait pouvait être le violeur et le tueur que toutes les polices de France recherchaient.

Durant les trois mois qui précèdent son arrestation, Guy Georges est vu en plusieurs endroits de la capitale. Jacques F, un militant du DAL, se souvient l'avoir revu à plusieurs reprises dans un bar de la Butte-aux-Cailles dans le XIVe. Radouane A., un ancien détenu que Guy Georges a connu en détention à Châteaudun, le croise régulièrement dans le quartier de Saint-Lazare où Joe fauche dans les magasins.

En janvier, Guy Georges est interpellé alors qu'il vient d'avoir un accident avec un scooter volé. Il n'y a pas de suites pénales, mais il est photographié par les services de police avec son nez blessé. La cavale du tueur en série aurait pu s'arrêter là, mais la chance est encore de son côté. Alors qu'il reste pendant plusieurs heures de garde à vue au poste, juste en dessous de son portrait-robot sensé le représenter, la police ne pense pas à le faire déchausser pour vérifier l'empreinte de son pied. Mais c'est en revanche cette photo récente qui sera transmise aux services de police lorsque l'identité de Guy Georges sera connue.

La veille de son arrestation, Sophie G., une amie de Sandrine L., le rencontre au marché de la Motte-Piquet alors que Guy Georges achète un couteau. Achète-t-il l'Opinel qui sera trouvé sur lui le jour de son arrestation ?

Le destinait-il à une nouvelle victime ? Ces questions restent en suspens.

Début février 1998, la police est de plus en plus à cran et décide de diffuser la photo du sweat-shirt abandonné par le tueur au domicile d'Estelle M. Cette nouvelle piste ne donne rien.

Le 17 février, Scotland Yard alerte la police française. Les policiers britanniques ont appréhendé un homme dont le signalement correspond à celui du « tueur de l'Est parisien ». Une empreinte ADN est réalisée qui disculpe le suspect.

Dès le mois de février 1998, le juge Thiel en charge à présent de cinq des meurtres et d'une tentative reprochés au « tueur de l'Est parisien » décide de passer en force. À cette époque, la France ne dispose pas d'un fichier national d'empreintes génétiques, elle interdit même la conservation et la communication de ces données. Face à la pression de plus en plus vive des familles des victimes, le juge Thiel passe outre et demande – alors que la loi est floue à ce sujet – à tous les laboratoires de France de comparer systématiquement les empreintes ADN de l'individu X retrouvées sur les lieux des crimes avec les empreintes ADN connues et recensées dans d'autres affaires criminelles. En l'absence de fichier, il faut faire ressortir tous les rapports d'expertise conservés dans les laboratoires, ceux de la police scientifique et ceux des laboratoires privés, et les comparer aux empreintes génétiques du suspect. Il y a une dizaine de laboratoires en France qui conservent en archives les tests qu'ils ont pratiqués dans le cadre de procédures criminelles. Gilbert Thiel est certain que le meurtrier qu'il recherche est un récidiviste et que son ADN a déjà été relevé dans une autre affaire. Le nom du meurtrier, le seul élément qui lui manque encore, il en est sûr, est archivé quelque part dans une armoire. À présent, il doit s'armer de patience. De nombreux laboratoires refusent de se mettre dans l'illégalité en répondant à la demande du juge. Ulcéré, le juge Thiel les appelle et leur demande de lui confirmer par écrit leur refus afin qu'il puisse en faire part aux parents des victimes qui, précise-t-il, apprécieront sûrement.

Le lundi 23 mars 1998, il est un peu plus de 19 heures dans le cabinet d'instruction du juge Gilbert Thiel lorsque le téléphone sonne. C'est le docteur Pascal, du laboratoire d'analyses scientifiques de Nantes, qui demande à lui parler de toute urgence.

*J'ai trouvé votre homme, il s'appelle Guy Georges.*

Le juge Thiel appelle aussitôt Martine Monteil, la patronne de la crim', pour lui faire part de la nouvelle.

– *On le tient, c'est le même ADN que celui retrouvé sur quatre des victimes.*

Dans les locaux du 36 quai des Orfèvres, c'est l'effervescence. Martine Monteil convoque ses hommes et les différents chefs de service, ceux du banditisme (BRB), de l'antigang (BRI), des stups et des renseignements généraux (RG). L'homme recherché est qualifié d'extrêmement dangereux et il faut le mettre rapidement hors d'état de nuire. Chaque minute compte et il faut absolument l'empêcher de frapper à nouveau.

Dans la nuit du 23 au 24, une vingtaine d'hommes

recensent, en épluchant les rapports de police et dossiers d'instruction concernant Guy Georges, tous les endroits où l'homme est susceptible d'être appréhendé. Treize endroits sont ainsi repérés. Rien n'est laissé au hasard. Ni la maison de sa mère nourricière, ni le restaurant parisien de son frère de lait, ni sa banque où est viré son RMI, ni le centre social de la rue du Pré-aux Clercs, sans oublier les quelques squats où il a habité entre deux séjours en prison.

Dès la fin de la nuit, un impressionnant dispositif policier est mis en place. Guy Georges ne peut plus s'échapper. La plus grande discrétion est demandée aux policiers chargés de mener à bien cette opération. Est-ce un de ces policiers qui donne l'information à un journaliste, dès le mardi après-midi ? Ce journaliste appelle la brigade criminelle pour avoir confirmation de l'information. Martine Monteil le supplie presque de ne rien révéler avant l'arrestation du tueur. Mais le mystérieux informateur a déjà appelé d'autres rédactions et la rumeur s'amplifie dès le mercredi 25 mars. À 7 heures le jeudi matin, c'est la catastrophe, RTL lâche l'info sur l'identité du présumé « tueur de l'Est parisien ».

Martine Monteil convoque en urgence un « conseil de guerre » de tous les services de police. La discrétion n'est plus d'actualité, il faut agir vite. Le dispositif est doublé, tous les policiers disponibles sont mobilisés sur cette affaire et, en quelques heures, mille cinq cents hommes quadrillent la capitale avec la photo de Guy Georges prise quelques semaines auparavant. Une vingtaine de lieux sont placés sous haute surveillance. Devant l'urgence, le juge Thiel et Martine Monteil décident de faire passer la photo du tueur dans tous les journaux télévisés de la mi-journée.

Ce dispositif va se révéler payant. À 12 heures 45, Guy Georges est arrêté place Blanche.

Immédiatement emmené dans le commissariat de la Goutte-d'Or pour vérifier son identité, Guy Georges est ensuite conduit au 36 quai des Orfèvres dans le bureau du juge Gilbert Thiel où il déclare :

*J'ai déjà payé.*

Le juge lui rétorque, sourire en coin :

*Il te reste le solde mon petit.*

Guy Georges est aussitôt mis en examen pour assassinats, tentative d'assassinat, viols, vols avec violence. Son ADN l'accable, le juge Thiel n'a pas besoin de ses aveux pour l'inculper, les preuves de l'ADN lui suffisent amplement.

À la brigade criminelle, l'ambiance n'est pas aussi joyeuse qu'elle devrait l'être après l'arrestation de ce nouveau Landru. Beaucoup de policiers se font le reproche de ne pas avoir pu comparer l'ADN de Guy Georges en 1995 dans les affaires Agnès N. Hélène F. et Élisabeth O. alors qu'ils l'avaient sous la main. Deux meurtres et deux agressions auraient sans nul doute été évités. C'est ce profond malaise, mélange de honte et d'humiliation, qui fera qu'un groupe de la brigade criminelle, le groupe Sanderson, refusera de se rendre au pot organisé par le ministère de l'Intérieur et auquel assistait la Garde des sceaux de l'époque, Élisabeth Guigou.

Les policiers et les juges d'instruction profitent du « cas Guy Georges » pour revendiquer haut et fort la création d'un fichier national centralisé des empreintes génétiques qui permettrait de comparer systématiquement les traces d'ADN dans les affaires criminelles. Un amendement a bien été déposé à la commission des lois le 30 septembre 1997 lors du débat sur le projet de loi sur la délinquance sexuelle. L'amendement prévoit que seules les empreintes d'auteurs d'agressions sexuelles déjà condamnés seraient centralisées et conservées. Élisabeth Guigou a fait adopter par la suite une modification du texte permettant une comparaison avec les empreintes de simples suspects. En revanche, sous la pression de la Ligue des droits de l'homme, la ministre ne souhaite pas que soient conservées les empreintes génétiques de tous les délinquants comme c'est déjà la cas en Grande-Bretagne où sont recensé plus de trois cent soixante mille empreintes.

Les familles des victimes défendent la thèse du fichage systématique pour tous les criminels, comme le martèle une des mères de victime, en alléguant que Guy Georges, avant d'être un meurtrier sexuel a été un petit délinquant et que, s'il avait été répertorié par son empreinte génétique, beaucoup de crimes auraient été évités.

Si l'on comprend l'émotion qui anime les familles des victimes et les rescapées, on peut s'inquiéter des dérives sur les libertés individuelles que risqueraient d'entraîner de telles mesures.

Une autre raison gâche la fête des policiers. Ils se sont plantés sur la personnalité du tueur, comme nous le confiera un des inspecteurs chargé de l'enquête. On cherchait un sérial killer diabolique et organisé laissant systématiquement sa « signature » pour défier les enquêteurs, alors que nous avions affaire à un marginal qui obéissait d'abord à une pulsion sexuelle, puis à une pulsion morbide. Il suivait une jeune fille dont il avait subitement envie, il la violait, il la tuait puis il volait de menus objets qu'il revendait contre un peu d'argent. Ses crimes étaient en quelque sorte « utilitaires ».

## 21.
## La parodie judiciaire

La France et Paris respirent, le « monstre » est enfin arrêté, titre un quotidien. Commence alors une longue et pénible instruction pour les familles, qui peuvent enfin mettre un nom et un visage sur le responsable présumé de leur calvaire.

Placé en garde à vue pendant douze heures dans les locaux du 36 quai des Orfèvre, Guy Georges apparaît atterré, hagard, il se met à table spontanément. *Pour le faire cesser, il fallait enlever la pile* nous confie un commissaire divisionnaire. Entendu par le juge Thiel quelques heures après son arrestation, Guy Georges avoue sans difficulté, dans la nuit du jeudi au vendredi, les meurtres de Pascale E. et de Magali S., deux meurtres qui ne sont pas instruits par le juge Thiel. En revanche, il nie farouchement toute implication dans les autres meurtres qui lui sont imputés.

Dans la nuit du 26 au 27 mars 1998, exténué par le flot de questions des enquêteurs et du juge, Guy Georges est écroué à la prison de la Santé à Paris. Maître Michel Henriquet est commis d'office. Guy Georges est placé à l'isolement dans la cellule voisine de celle du terroriste Carlos.

Réentendu dès le 2 avril par les juges Thiel et Deparis, Guy Georges se montre beaucoup moins loquace et nie avec vigueur les deux meurtres des parkings ainsi que les trois autres meurtres et l'agression dont il est soupçonné et où pourtant son empreinte ADN l'accable.

Puis, coup de théâtre, Guy Georges fait savoir au juge Thiel qu'il ne sait plus où il en est, que tout se bouscule dans sa tête et qu'il demande expressément qu'un seul juge soit saisi de l'ensemble des dossiers dans lesquels il est mis en examen. Il refuse catégoriquement de parler tant que les huit dossiers qui le concernent ne seront pas regroupés chez un seul et même juge.

Pourtant, dès le 28 mars, le juge Thiel a écrit à ses collègues, leur demandant de se dessaisir de leur dossier d'instruction. Mais Martine Bernard, la juge qui instruit le meurtre de Pascale E. et s'apprêtait à rendre une ordonnance de non-lieu après avoir refusé les compléments d'enquête qui lui étaient demandés, n'est pas favorable à ce dessaisissement de l'affaire. Le juge Thiel a pourtant la confiance des familles des victimes, lui qui s'est énormément impliqué dans l'arrestation du tueur. De son côté, le juge Olivier Deparis, qui a en charge le meurtre de Magali S., n'est guère plus enclin à « lâcher » son affaire, bien qu'il n'ait jamais reçu les parents de Magali en six mois. L'instruction se retrouve bloquée. L'exaspération et la colère des familles, déjà très éprouvées, sont à leur comble.

La presse s'empare de cette situation ubuesque, obligeant le parquet à tenter d'obtenir une position amiable. Le 21 avril, le parquet intervient et demande au juge Deparis de se dessaisir de l'affaire Magali S. au profit du juge Thiel au prétexte que ce dernier maîtrise déjà cinq dossiers et que le bon sens et la bonne administration de la justice plaident pour ce regroupement.

Le juge Deparis n'apprécie pas. Il fait savoir qu'il accepte de se dessaisir, mais au profit de Martine Bernard qui n'en attendait pas moins pour demander au juge Thiel de lui transmettre ses dossiers. Dans le même temps, elle adresse une convocation à Guy Georges pour le 14 mai.

La comédie judiciaire va durer pendant plusieurs semaines pour tourner au sordide dans un palais de justice devenu le théâtre de petites querelles, de susceptibilités mal placées et de revendications absurdes. Une des mères de victime déclare : *Notre patience a des limites. La situation est bloquée à cause de la jalousie des juges qui ne s'intéressent qu'à leur ego. Tout cela est grotesque.*

De leur côté, les avocats des parties civiles écrivent à la chambre d'accusation en lui demandant de désigner le juge Thiel comme seul et unique magistrat instructeur.

Face à la pression de la presse et des avocats des familles, la présidence du tribunal de grande instance de Paris décide, le 30 avril 1998, de confier l'intégralité des procédures visant Guy Georges au juge d'instruction Gilbert Thiel. Ces inutiles péripéties ont fait « gagner » un mois à Guy Georges. On imagine aisément sa jubilation devant cette lutte de juges dont il est l'enjeu. Il doit se sentir important, se sentir exister.

Le juge Thiel peut commencer son instruction. Elle durera plus d'un an, jusqu'au mois de juillet 1999 où il remet son procès-verbal récapitulatif à la chambre d'accusation.

Le 29 mai, à l'issue de huit heures d'interrogatoires et confondu par son ADN, Guy Georges avoue les meurtres d'Agnès N., d'Hélène F. et d'Estelle M. Guy Georges a répondu à quatre-vingt-dix pages de questions méthodiquement préparées par le juge Thiel. Il ne donne que de brèves réponses et décrit un mode opératoire quasi identique à chaque fois. Au cours de l'interrogatoire, Guy Georges refuse de regarder les photos des corps de ses victimes en détournant la tête malgré l'insistance du juge pour qu'il affronte l'horreur des crimes qui lui sont reprochés.

Le 27 octobre, le juge Thiel étend son instruction aux agressions commises sur Annie L., Estelle F. et Valérie L. Guy Georges nie catégoriquement être l'auteur de ces agressions malgré qu'il ait été formellement reconnu par les trois jeunes femmes.

Le 17 novembre 1998, après plusieurs heures d'interrogatoire à la brigade criminelle, Guy Georges craque et avoue être l'auteur du viol et du meurtre de Catherine R. Épuisé, il demande quarante-huit heures de repos avant d'être entendu de nouveau le 19 novembre. Guy Georges passe alors des aveux détaillés concernant le meurtre de Catherine R. mais, dans sa confusion, donne des détails qui correspondent très précisément au meurtre d'Elsa B. Confondu par sa déposition, il finit par avouer être l'auteur de ce meurtre.

Depuis son arrestation, Guy Georges a avoué sept meurtres. Aucune émotion, aucun remord ne semblent l'habiter lorsqu'il détaille ses crimes. Il est même incapable de reconnaître les visages de ses victimes. Le juge Thiel, pourtant habitué aux dossiers difficiles, est effaré devant tant de froideur. Guy Georges affirme au juge qu'il n'avait pas de plaisir en tuant, mais qu'il tuait parce qu'il avait violé. Il précise que dans tous ses meurtres, il était sous l'emprise d'un état alcoolique et cannabique.

Le 29 mai 1998, le juge Thiel demande à trois psychiatres et à une psychologue de lui remettre un rapport psychiatrique et un rapport médico-psychologique pour tenter de cerner la personnalité de Guy Georges et les raisons de son comportement criminel.

Durant les entretiens avec les psychologues, Guy Georges se montre calme et posé. Il apparaît même très cordial et son attitude met mal à l'aise les médecins chargés de l'examiner. Sans doute s'attendaient-ils à trouver un homme impulsif, facilement irritable, agressif et violent. Rien de tout cela. Au contraire, Guy Georges dégage une certaine chaleur et beaucoup de mouvements affectifs. Le malaise est tel pour ces psychologues pourtant aguerris qu'ils écrivent que Guy Georges est tellement « normal » qu'il devient inadapté à la situation. La solitude extrême et le goût de la marginalité de Guy Georges ont frappé les experts. Le dédoublement de la personnalité de Guy Georges leur apparaît de manière flagrante, comme si les faits qu'on lui reproche n'avaient pas été commis par lui. Guy Georges semble être en guerre depuis l'adolescence contre l'ordre social. De l'ensemble de ces examens se dégage une personnalité complexe, double, déstructurée, où domine un trouble de l'identité lié aux conditions de sa naissance et de sa place dans sa famille d'accueil. Fils de personne, Guy Georges est devenu un enfant prêté avant d'être déchu de sa véritable identité. Ce trouble de l'identité est caractérisé par son sentiment d'exclusion du monde socialisé et de la communauté humaine qui entraîne psychose, perversion et psychopathie.

À l'évocation d'éventuels regrets ou remords, Guy Georges semble évacuer toute perception douloureuse ou critique de ses actes.

Il peut entretenir avec l'extérieur des relations normales et connaître des phases de violences inouïes conduisant aux viols et aux meurtres. La perversion sexuelle de Guy Georges leur semble être une perversion narcissique par la volonté d'emprise sur les victimes à qui toute existence est reniée. La victime n'est, aux yeux de Guy Georges, qu'une chose qui flatte sa volonté de toute-puissance et apaise sa détresse. Selon eux, Guy Georges, pour se protéger du monde extérieur qu'il perçoit comme un redoutable ennemi, s'est barricadé dans une forteresse extrêmement complexe à laquelle nul n'a accès et qui le protège d'un effondrement psychotique et d'une formidable dépression. Selon les psychiatres, le comportement criminel de Guy Georges et la répétition de ses gestes criminels peuvent s'interpréter comme une volonté matricide, une haine de la mère.

L'examen psychiatrique de Guy Georges va se dérouler sur un peu moins d'un an, du 28 avril 1998 au 12 février 1999, et sera entendu quatorze fois. Guy Georges est soumis à des analyses génétiques et neurologiques qui écartent toute pathologie organique cérébrale et excluent la schizophrénie et la psychose délirante. Comme les psychologues, les psychiatres mettent en avant une structure psychopathique ayant conduit Guy Georges à édifier une forteresse défensive érigée au fil des années et des échecs successifs. Les psychiatres définissent Guy Georges comme un psychopathe conscient de l'horreur de ses actes, mais d'une façon très intellectualisée et refusant tout jugement sur lui-même

Le 14 mars 1999, soit un peu moins d'un an après son arrestation, Guy Georges est reconnu pénalement responsable de ses crimes. Les psychiatres estiment que Guy Georges n'était pas atteint, au moment des faits, d'un trouble ayant aboli son discernement ou le contrôle de ses actes. En effet, Guy Georges a toujours pu s'arrêter quand il le voulait s'il était dérangé ou empêché lors des ses crimes. Il a fait preuve d'une grande présence d'esprit et d'excellents réflexes pour fuir s'il était menacé. Il a même pu élaborer des garde-fous afin de ne pas céder à ses pulsions criminelles dans les périodes où il était trop activement recherché.

Au terme de quatorze séances d'entretiens approfondis avec le prisonnier et d'examens neuropsychiatriques, les docteurs Michel Dubec, Henri Grynszpan et Daniel Zagury concluent que Guy Georges est accessible à une sanction pénale et écartent l'article 122-1 du code pénal qui définit l'irresponsabilité pénale. La conclusion du rapport est accablante pour Guy Georges qui est catalogué comme extrêmement dangereux et incurable en l'état.

Ces examens doivent être appréhendés avec une grande prudence et une grande circonspection. Guy Georges est en effet un redoutable manipulateur capable de dissimulations et de mensonges. Rien n'exclut qu'il ait raconté aux psychiatres et aux psychologues ce qu'ils voulaient entendre, ou bien a-t-il simplement « brodé » pour s'amuser avec eux.

Dans le quatier d'isolement de la prison de la Santé, Guy Georges va se lier d'amitié avec Carlos qui lui refile ses journaux et lui commente les articles consacrés au « tueur de l'Est parisien ». Pour son anniversaire, le terroriste lui offre un des cigares qu'il reçoit de Cuba. Carlos semble avoir une grande influence sur lui à tel point que, après avoir passé des aveux complets au juge Thiel, Guy Georges se rétractera sur les conseils de Carlos et refusera de commenter et de signer les procès-verbaux et l'acte récapitulatif d'instruction.

Dans les jours qui suivent l'arrestation de Guy Georges, Françoise R., une jeune femme d'une trentaine d'années, croit reconnaître en Guy Georges l'agresseur qui l'avait violée sous la menace d'un couteau au début des années quatre-vingt-dix dans un hangar désaffecté de banlieue. Ancienne dealeuse, Françoise ne parle pas à la police. Elle écrit à Guy Georges à la Santé qui lui répond ne pas la connaître, mais aimerait la rencontrer. Françoise R. obtient un permis de visite en septembre 1998. Lorsqu'elle rencontre Guy Georges à la prison de la Santé, elle s'aperçoit, en voyant ses tatouages sur l'épaule, qu'il n'est pas l'homme qui l'a agressée quelques années plus tôt. En revanche, une véritable affection amoureuse va naître entre Guy Georges et cette femme qui lui écrit trés souvent et lui rend visite régulièrement. À celle-ci, il lui confie ses états d'âme sur l'ambiance de la prison qu'il qualifie « d'usine de délinquants », et sur lui-même. Ainsi, il écrit qu'il a une grosse boule de haine en lui et lorsque ça va sortir, ça risque de faire très mal.

Mais que peut-il faire de pire que ce qui lui est reproché ?

## 22.
## Les derniers coups de bluff de Joe

Mardi 26 décembre 2000, 5 heures 15 du matin, les matons de la Santé ont des frissons et serrent les fesses... L'administration pénitentiaire est passée à deux doigts de la catastrophe. Le matricule N° 268384 X, Guy Georges, a tenté de se faire la belle.

C'est par un pur hasard, en se promenant entre deux verres de vin, quelques minutes avant l'heure habituelle de leurs rondes nocturnes, que deux gardiens de la Santé empêchent la spectaculaire tentative d'évasion de tout le quartier d'isolement de la prison de la Santé où sont placés « sous très haute surveillance » les détenus sensibles.

Grâce à cette chance inouïe, ils arrivent à déjouer la tentative d'évasion de trois détenus, dont le plus « surveillé » de France, Guy Georges.

Samedi 23 décembre, la veille de la veille de Noël, deux détenus particulièrement surveillés (DPS) déposent leur paquetage à la maison d'arrêt de la Santé.

Karim T., braqueur chevronné, roi de la belle, celui qui a la réputation de pouvoir se glisser dans un trou de souris, prend ses quartiers dans la cellule numéro 9 du quartier d'isolement, anciennement quartier de haute sécurité (QHS). Grand spécialiste de l'évasion, il n'en est pas à son coup d'essai. Après son évasion de la maison d'arrêt de Nantes en mai 2000, il n'hésite pas, dès le mois de juin, à sortir trois « compagnons de galères » de la centrale de Moulins-Yzeure, dans l'Allier, de manière très spectaculaire, après avoir pris violemment en otage un pilote d'hélicoptère.

En juillet, Karim se fait serrer à Lyon, balancé par l'un de ses pairs. Le jour de son arrestation, les policiers de la BRB [1] trouvent dans la planque de Karim un arsenal impressionnant, le parfait attirail du braqueur de fourgon blindé.

Alors qu'il est détenu à la prison de Saint-Quentin-Fallavier, dans l'Isère, les matons le surprennent en flagrant délit d'évasion le 8 décembre 2000. L'homme est en train de chauffer les barreaux de sa cellule pour pouvoir les écarter à l'aide d'un pied de tabouret afin de s'arracher une nouvelle fois du placard [2]. À vingt-huit ans, Karim purge une peine de quinze ans pour vol à main armé en bande organisée et tentative d'homicide volontaire sur un policier.

Lassée de celui qu'elle surnomme « le roi de la belle », l'administration pénitenciaire décide alors un transfert disciplinaire à la Santé dans un quartier placé sous haute surveillance pour qu'il réfrène ses ardeurs !

1. Brigade de répression du banditisme.
2. Nom donné à la prison.

Quelle aubaine pour lui de se retrouver à la prison de la Santé, un véritable gruyère… Et il ne faudra que trois jours à Karim, le temps qu'il s'installe, pour retenter la belle. Il n'a pas eu beaucoup d'effort à fournir, les barreaux de sa cellule étaient déjà à moitié sciés. Une fois cette formalité accomplie, il a pu se glisser par une ouverture de vingt centimètres sur vingt-deux. Les pieds d'un tabouret écartés en guise de grappin devaient servir pour la suite. En quelque sorte, une évasion à l'ancienne dans une prison à l'ancienne.

D'après un surveillant présent cette nuit-là, Karim était déjà sorti de sa cellule et descendait le long du mur avec une corde de fortune confectionnée à l'aide de draps noués.

Les évadés n'étaient pas au bout de leur peine. Une fois à l'extérieur de leur geôle, il leur restait ensuite à franchir deux murs d'enceinte de vingt mètres de haut, séparés par le chemin de ronde et les miradors, avant de pouvoir être à l'extérieur de la prison.

L'arrestation de Karim T. se passe sans heurt. L'un des surveillants lance à l'homme en équilibre sur le bord de la fenêtre : *Arrête, c'est foiré.*

Karim ne discute pas et redescend sans faire d'histoire.

Dans la cellule voisine, Guy Georges n'est pas encore sorti, mais les barreaux sont déjà sectionnés. Il s'attaquait au grillage lorsqu'il a été surpris par les gardes.

Laurent G., le troisième candidat à l'évasion, condamné à vingt ans de réclusion pour meurtre et vols à main armée, était lui aussi encore dans sa cellule au moment de l'intervention des matons.

Les trois hommes sont très calmes, toujours courtois, lorsqu'ils se laissent conduire à l'hôpital Cochin pour passer une radio afin de vérifier qu'ils n'ont rien avalé, puisque l'on n'a retrouvé dans les cellules aucun matériel permettant une évasion.

Dès le matin, les trois hommes sont conduits au commissariat pour être entendus sur les circonstances de l'évasion. Karim et Laurent, braqueurs, tombent des nues lorsqu'ils apprennent que leur complice Joe est un pointeur, le présumé « tueur de l'Est parisien ».

Les policiers sont en émoi et les familles des victimes respirent après avoir craint le pire. Le procès de Guy Georges aura bien lieu le 19 mars 2001.

Mais comment cela a-t-il pu être possible ? s'interrogent les parties civiles et l'opinion publique alors que l'administration pénitentiaire prétendait que la Santé était la prison la plus sûre de France...

D'après nos dernières informations concernant cette tentative d'évasion, il s'avère que l'ensemble des prisonniers du quartier d'isolement de la maison d'arrêt de la Santé ont tous tenté de s'évader, y compris Carlos.

Il n'y a pourtant que deux possibilités pour expliquer la présence de scie à métaux et de fil d'ange capables de s'attaquer à tous les types de métaux. Soit les nouveaux détenus portaient le matériel sur eux et leur fouille n'a pas été faite correctement. Soit les évadés ont bénéficié de complicités internes, ce qui est fort probable. Cette hypothèse est prise très au sérieux par la brigade de répression du banditisme qui mène une enquête et surveille les surveillants. Il faut dire que, un mois auparavant, un trafic de téléphones portables avait été démantelé à la Santé. Un prof de sport est placé sous contrôle judiciaire et un maton est incarcéré. L'expression « passer de l'autre côté de la barrière » est là plus que jamais d'actualité.

Toujours d'après un surveillant de la maison d'arrêt, certains gardiens, notamment ceux affectés aux quartier disciplinaire et à l'isolement, passeraient plus de temps à jouer aux cartes, à lire des revue X ou à regarder les matchs de football qu'à effectuer leurs rondes de jour ou de nuit. Nous avons à plusieurs reprises tenté de joindre monsieur Jego, directeur de la Santé pour avoir plus de précisions concernant ces affirmations. Il nous a été répondu qu'il refusait de répondre aux journalistes.

Quant à Sophie Bottai, l'une des avocates de Guy Georges, elle n'est pas vraiment étonnée de cette tentative d'évasion : *La majorité des détenus ne vivent que dans l'espoir de retrouver la liberté. Tenter de s'évader, c'est l'espoir de la vie.*

Quelques jours après la tentative d'évasion, une fouille générale de l'ensemble de la prison est ordonnée par la Chancellerie. À la plus grande stupéfaction de tous, on constate que plusieurs détenus d'autres bâtiments ont commencé à scier les barreaux de leur cellule.

Le quartier d'isolement est vidé de ses occupants qui sont transférés vers d'autres prisons. Seul Guy Georges reste incarcéré au quartier d'isolement de la Santé, où il reçoit la visite du directeur qui tente d'obtenir des informations sur les circonstances de l'évasion. On propose un deal à Guy Georges qui consiste à donner les détails de l'évasion en contrepartie de quoi sa peine de mitard sera amoindrie. Guy Georges renvoie sèchement le directeur en affirmant qu'il n'est pas une balance et refuse de parler.

Guy Georges est convoqué à la commission de discipline de la maison d'arrêt. Comme le prévoit la nouvelle loi, il est défendu par une avocate qui assiste, impuissante, à l'explosion de haine de Guy Georges. L'homme, ce « détenu modèle » si calme en prison, perd tout sang-froid et tente d'agresser le directeur qu'il menace violemment : *Un jour je te ferai la peau*. Il faudra cinq colosses pour maîtriser la furie du présumé « tueur de l'Est parisien ». Guy Georges est ramené dans sa cellule du mitard durant une demi-heure et ne retournera dans la salle d'audience que pour entendre la sanction prononcée : quarante jours de mitard. Les deux autres « évadés » qui ont écouté les débats sans rien manifester, ont écopé, quant à eux, de quarante-cinq jours de quartier disciplinaire.

Faut-il claquer un directeur de prison pour être moindrement condamné ? Qu'est-ce qui peut bien expliquer, une fois de plus, cette clémence ?

Au travers de cette évasion, Guy Georges a sans doute voulu faire parler de lui pour autre chose que les affaires pour lesquels il est connu, comme il l'a déjà fait en prétendant détenir des papiers compromettants concernant la mort de Pierre Bérégovoy.

Acculé par la proximité de son procès, il a inventé de toutes pièces cette rocambolesque version. Il l'aurait confié à Edwige lors d'un parloir quelque temps après son arrestation.

Guy Georges affirme qu'il est en possession de documents secrets appartenant à la DST qui annuleraient la thèse du suicide de Pierre Bérégovoy et donneraient le nom de ses assassins. Selon ses explications oiseuses, il se serait procuré ce dossier en fracturant par hasard une voiture qu'il voulait voler.

Comment imaginer un instant qu'un agent de la DST puisse laisser des dossiers aussi compromettants dans une voiture sans surveillance ?

Les manipulations et la mythomanie de Guy Georges ont, avec cette info, atteint leur paroxysme à la veille de son procès où il risque la perpétuité assortie d'une peine de sûreté de vingt-deux ans.

Son système de défense qui consiste à prétendre que l'on cherche à l'éliminer en lui collant sur le dos tous les meurtres dont il est soupçonné car il en saurait trop sur une affaire d'État, prêterait à rire si nous n'avions pas affaire à un terrible tueur présumé.

# Prologue

Le procès du « tueur de l'Est parisien » risque de raviver les blessures des réscapées et des familles des victimes, mais leur permettra sans doute d'entamer leur véritable travail de deuil, enfin nous le souhaitons.

Espérons également que ce procès éclairera les dysfonctionnements du système judiciaire et policier qui n'ont pas permis de mettre fin plus tôt aux agissements du présumé tueur en série alors que celui-ci était pourtant parfaitement identifié et connu de ces institutions. Sans toutes ces carences, on aurait évité d'horribles assassinat de jeunes filles et d'inoubliables traumatismes à de miraculeuses rescapées.

Enfin, si la cour d'assise de Paris déclare dans son verdict Guy Georges coupable des crimes et des agressions qui lui sont reprochés, le problème de sa réadaptation restera posé, lui qui a confié aux psychiatres qui l'examinaient : *C'est mieux que je sois en prison, dehors je suis dangereux.*

## Les 20 agressions présumées et connues de Guy Georges

| | |
|---|---|
| 1976 | Roselyne Derouineau |
| 31 mars 1978 | Christiane Derouineau |
| 6 février 1979 | Pascale C. |
| 5 mai 1980 | Jocelyne S. |
| 16 mai 1980 | Roselyne C. |
| 7 juin 1982 | Violette K. |
| 27 février 1984 | Pascale N. |
| 24 janvier 1991 | Pascale E. |
| 22 avril 1992 | Éléonore P. |
| 7 janvier 1994 | Catherine R. |
| 13 janvier 1994 | Annie L. |
| 9 novembre 1994 | Elsa B. |
| 9 décembre 1994 | Agnès N. |
| 16 juin 1995 | Élisabeth O. |
| 8 juillet 1995 | Hélène F. |
| 25 août 1995 | Mélanie B. |
| 2 juillet 1997 | Estelle F. |
| 23 septembre 1997 | Magali S. |
| 28 octobre 1997 | Valérie L. |
| 15 novembre 1997 | Estelle M. |

## Table des matières

*Impression réalisée sur CAMERON par*

BRODARD & TAUPIN

GROUPE CPI

*La Flèche*
*en février 2001*

*Imprimé en France*
N° d'impression : 5535
Dépôt légal : février 2001